Dylanwadau

Golygydd
Eleri Hopcyn

Argraffiad cyntaf—1995

ISBN 1 85902 118 2

ⓗ Eleri Hopcyn
ⓗ yr ysgrifau: y cyfranwyr

Dymuna'r cyhoeddwyr gydnabod cymorth Adrannau'r Cyngor Llyfrau Cymraeg.

Argraffwyd gan J. D. Lewis a'i Feibion Cyf.,
Gwasg Gomer, Llandysul, Dyfed

Cynnwys

Rhagair

Mi fyddwn ni i gyd o dro i dro yn hoffi hel atgofion. Fe gawn ail fyw, yn dawel bach, ryw ddigwyddiad cyffrous neu ambell eiliad ramantus sy'n dod â gwg neu wên fach slei i'r wyneb pan fo neb o gwmpas. Wrth daflu cip yn ôl dros ysgwydd y blynyddoedd, mae'r hwyl a'r hiraeth, y digri a'r dwys, y llwyddiannau a'r rhwystredigaethau i'w gweld 'yn gymysg oll i gyd'. Ond mae ambell un meddai Gwenallt yn

> medru gweld yn lled glir
> Y bobol a'r cynefin a foldiodd ei fywyd e.

Nid pawb fodd bynnag sy'n medru crisialu a thafoli'r profiadau a'r dylanwadau a ddaeth i'w rhan, na'u rhannu ag eraill. Ond dyna'r her a wynebodd y sawl fu'n cyfrannu i'r gyfres radio *Dylanwadau*. Wrth reswm, roedd eu cynefin a'u cylch cydnabod yn wahanol iawn i'w gilydd, ac wrth ddarllen y sgyrsiau yr hyn a ddaeth yn amlwg oedd mai'r pethau bychain bob dydd yn aml a adawodd yr argraffiadau gwaelodol, parhaol.

Yn y gyfrol hon fe gawn gyfraniadau gan bump o'n llenorion amlycaf, gan obeithio y bydd eu sgyrsiau hunangofiannol yn ein dwyn ni'n nes at eu gweithiau llenyddol, i'w gwerthfawrogi a'u mwynhau. Fy niolch diffuant i Marion Eames, Islwyn Ffowc Elis, Eigra Lewis Roberts a Gwyn Thomas am gael cynnwys y sgyrsiau hyn. Mi garwn hefyd gydnabod cydweithrediad caredig Ann Beynon, gweddw'r diweddar Gwenlyn Parry, am ganiatáu i ni gyhoeddi ei gyfraniad i'r gyfres yn y gyfrol hon. Mae'r sgyrsiau yma, gyda llaw, yn seiliedig ar ddarllediadau Gwenlyn gan mai siarad o'r frest gyda chymorth nodiadau oedd ei ddewis yntau.

Fy niolch hefyd i Wasg Gomer am eu hynawsedd a'u gofal.

Eleri Hopcyn
Cynhyrchydd *Dylanwadau*

Marion Eames

Llun: Gwenan

Marion Eames

1

I ddechre'n y dechre—fel y dywedodd rhywun llawer enwocach na mi.

Rydw i'n eistedd ar ris isaf y staer. Yn y gegin yn ymyl mae fy chwaer fach, babi o hyd, yn cael bàth o flaen y tân. Tair oed ydw i. Mae hi'n dywyll fel y fagddu ar y staer, dim ond llychyn bach o olau'n dod i mewn drwy banel o wydr uwchben y drws, ond rydw i'n reit hapus yn eistedd yno ar 'y mhen fy hun.

Yn sydyn mae hyn yn newid. Mae arswyd yn fy rhewi i'n gorn. Yn sefyll ar ben ysgol ac yn sbio arna i drwy'r gwydr, be wela i ond ffigur bach crwn fel lleuad. Does gyno fo ddim gwallt, ac mae 'i lygaid bach o fel pinne. Mae fy llais fel petai'n sownd yn rhywbeth, ond, o'r diwedd, mae'n rhydd, ac mae rhywun yn sgrechian yn annaearol. Sgrechian, sgrechian . . . Fi 'di honno.

Ond yn sydyn mae 'na freichiau amdana i, a llais Mam ym mwmian: 'Mae'n oreit, mae'n oreit. Does dim byd yno.' Ac yn raddol rydw i'n tawelu. Ie, mae popeth yn oreit. Mae Mam yno.

Ar ôl oes sy'n dechre ennill yr enw 'oes hir' bellach, rydw i'n dal i weld y dyn bach crwn hwnnw. Roedd o mor fyw, ac, am wn i mai dyna oedd fy nghof cyntaf i gyd. Yn sicr dyna oedd yr emosiwn cyntaf erioed i aros yn fy meddwl. Mi gymerodd amser maith i mi dderbyn yr eglurhad.

Dach chi'n gweld, roeddem ni'n byw mewn tŷ teras ym Mhenbedw, yn 86 Raffles Road, ac mae'n rhaid mai cwsg yn gyrru'r ffigurau crwn 86 i'w gilydd oedd yn gyfrifol am yr hunllef. Dyna, medden nhw, oedd fy nyn yn y lleuad. Er, roedd fy nychymyg yn dal i daeru fel arall.

Ond roedd cysur breichiau Mam yn drech na'r ofn. Ac fel 'na y buo hi ar hyd 'y mhlentyndod, ac wedyn o ran hynny. Dyna'r dylanwad cryfa arna i ar hyd f'oes.

Roedd 'nhad yno hefyd i roi cysur gwahanol. Fo oedd yr un allai gael fy chwaer fach i gysgu. Rydw i'n dal i'w gofio fo'n cerdded i fyny ac i

lawr, yn ei dal hi yn ei gôl ac yn canu 'Dwtsala, Dwtsala, Dwtsala bach
. . .' Roedd gyno fo lygaid glas yn llawn chwerthin, a rhyw dro bach ar
ei geg yn gweld yr ochr ddoniol i bopeth.

Felly, sut medra i gychwyn y sgyrsiau yma heb sôn am ddylanwad fy
nhad a mam? Fel mae'r blynyddoedd yn mynd heibio rydw i'n sylweddoli
mwy a mwy mor lwcus y bûm i yn fy nhad, yn derbyn llai na
phumpunt yr wythnos, ac roedd o'n ganol oed cyn medru mentro ar ei
fusnes ei hun. Roedd o'n dipyn o gymêr, yn llawn straeon am ei amser
yn y Rhyfel Byd Cynta, er mawr embaras i ni weithie. 'Doedden ni wedi
clywed y straeon drosodd a throsodd? Ond ar ôl iddo farw rown i
wedi'n syfrdanu at yr hanesion yn dod i'r golwg gan bobl, nad own i'n
nabod fawr arnyn nhw, am ei gymwynasgarwch dirgel i rai mewn
angen yn yr ardal.

Doedd gyno fo ddim daliadau politicaidd cryf iawn ond, fel hen filwr
a mab i gipar Trescawen, Sir Fôn, roedd o o natur Dorïaidd fwy na heb.
A phan fydda i'n meddwl am f'ymrwymiad cynnar i â phasiffistiaeth a'r
Blaid, rydw i'n gallu gwerthfawrogi erbyn hyn faint ei oddefgarwch
tyner. Mae'n rhaid 'mod i wedi creu tipyn o benbleth iddo fo efo'm
daliadau gwrthryfelgar, amhoblogaidd—ac yntau'n siopwr yn dibynnu
ar ewyllys da ei gwsmeriaid. Ond mae'n rhaid 'mod inne wedi cael
rhyw fath o ddylanwad arno yntau hefyd, achos fo oedd y cyntaf yn
Nolgellau i roi enw Cymraeg ar ei siop—Siop Eames.

Cafodd Mam ei geni a'i magu ym Mhenbedw, yn ferch i ddau a aeth o
Gymru (cyn iddyn nhw nabod ei gilydd) tua wythdegau'r ganrif
ddiwetha 'i hela cnau' ar lannau Mersi. Roedd hi'n ddeuddeg ar hugain
oed cyn dod i Gymru i fyw, ond roedd ei Chymraeg wedi'i fritho â hen
ddywediadau ei thad a'i mam, y naill o Ben Llŷn a'r llall o Sir Fôn. Am
fod Nain yn rhedeg siop, a Taid yn gweithio fel gweithiwr sets (doedd
gyno fo ddim anian at fod yn siopwr medda fo) bydde Mam bob gwyliau
ysgol yn cael ei gyrru draw i Nant Bach, Trefor, at ei nain hithe, a dyna,
rydw i'n siŵr, a roth y sglein ar ei Chymraeg hi.

Yn anffodus, chafodd hyn mo'i drosglwyddo'n effeithiol iawn i'r
drydedd genhedlaeth. Be oedd wedi digwydd oedd hyn. Ar ôl y rhyfel,
roedd tai'n brin iawn, fel maen nhw rŵan. Ac roedd 'nhad a mam,
oedd wedi priodi a chael plentyn ar ddechre'r rhyfel, wedi cael
trafferth mawr i gael lle i fyw. Dros dro fe gawson nhw lety gyda
gwraig—Saesnes wrth gwrs. *Dros dro* i fod, ond fe aeth hyn ymlaen ac

ymlaen. Ac fel bydd Cymry moesgar, doeddan nhw ddim yn ei ystyried yn boleit iddyn nhw siarad Cymraeg â'r ferch fach o flaen y ledi. Felly fe aeth y Saesneg yn fwy o iaith y cartre na'r Gymraeg. Enghraifft arall o gartrefi'n gallu cael dylanwad ar iaith, yntê?

At hynny, roedd fy chwaer hynaf (minne heb fy ngeni eto) . . . roedd hi'n mynd i'r ysgol ym Mhenbedw nes ei bod hi'n 11 oed. Dim Cymraeg yn fan'no wrth gwrs. Ond mi roedden ni fel teulu'n mynd i Gapel Woodchurch Rd, ac felly, bob dydd Sul, roedd sŵn yr iaith yn ein clustiau. Erbyn i mi gael fy ngeni, roedd fy rhieni'n gofidio am beth oedd wedi digwydd i iaith y cartre ac fe wnaethon nhw ymdrech i roi'r Gymraeg yn iaith gynta i mi ac wedyn i'n chwaer fach. Drwy lwc fe symudon ni i Ddolgellau pan own i'n bedair, ond roedd yr amryfusedd gyda'r Gymraeg yn dal o hyd. Mi ga i sôn am hyn eto.

Doedd Mam ddim yn un am fynd allan ryw lawer er, ar un adeg, roedd hi'n un o sêr actio y W.I. Yn sicr doedd hi ddim yn un i hel tai. Ond roedd ein tŷ ni bob amser yn llawn pobl—pobl o bob oed, yn wŷr a gwragedd yn galw heibio ac yn sicr o'u croeso. Ambell waith mi fydde hyn yn dipyn o niwsans, a rhai'n aros yn rhy hir a ninnau'r merched isio gwneud ein gwaith cartre. Ond pe baen ni'n dangos hynny, mi fydden ni'n siŵr o gael cerydd gan Mam.

Roedd y croeso'n cynnwys cariadon, neu ddarpar-gariadon pob un ohonon ni'n tair, a 'nhad yntau mor wresog ei groeso â Mam. 'Well gen i'ch gweld chi'n dod â nhw yma na'ch bod chi'n 'u cwarfod nhw dyn a ŵyr lle.' Dyna fydde hi'n 'i ddeud. Yr adeg hynny roedd hyn mor anarferol, mae'n siŵr bod rhai o'r bechgyn yn ofni eu bod nhw'n mynd i gael eu rhwydo'n rhy fuan, ond yn raddol roedden nhw'n derbyn naturioldeb y peth gan wybod nad oedden nhw ddim yn comitio'u hunain! Yn dawel bach roedd Mam wrth ei bodd yng nghwmni pobl ifainc, yn enwedig yr hogia. Ac, weithie, gan ei bod hi mor dlws ac mor llawn bywyd, mi fyddwn i'n teimlo mai hi fydde'n cael y sylw gan fachgen y moment, ac nid yfi.

Roedd hi'n gerddorol iawn, yn gyfeilydd yng Nghapel Woodchurch Rd. cyn ac ar ôl ei phriodas (fel mae gen i gloc hardd i brofi). Fel arfer, ar nos Sul, byddai rhywun acw i swper, a gorau oll os oedd o neu hi'n dipyn o ganwr. Mam wrth y piano, a phawb arall yn sefyll o'i chwmpas. Ar ôl ei morio hi gyda 'Calon Lan' ac 'I Bob Un Sy'n Ffyddlon' ac ati, heb sôn am 'Yr Eneth Gadd Ei Gwrthod', bydde'r copïau treuliedig o 'Y

Golomen Wen' neu 'Brad Dunrafon' yn cael eu gosod ar y piano, a'r ymwelydd, fel rheol, wrth ei fodd yn cael dangos ei ddawn, real neu dybiedig. Os byddai'r ddawn yn wirioneddol ddiffygiol, bydden ni'r merched yn magu hyder i roi cynnig arni ein hunain.

Fedra i ddim deud gymaint o ddylanwad gafodd y nosweithiau hyn ar fy mywyd. Doedd dim trafferth byth i 'nghael i i bracteisio'r piano. On'd own i am fod yn bianydd fath â Mam, a chael pobl o 'nghwmpas ar nos Sul yn canu?

Un bai oedd arni. Roedd hi bob amser yn hwyr yn cyrraedd popeth. Hwyrach mai'r rheswm am hyn oedd nad oedd hi erioed wedi cael disgyblaeth swydd gyflogedig. Gadawodd yr ysgol yn 13 oed. Ar gais ei thad, am fod ei mam yn siopwraig mor brysur, dywedodd wrthi bod ei hangen hi uwchben y twbyn golchi. Ac adre y buo hi nes priodi'n 21 oed ac, wrth gwrs, yr adeg hynny doedd dim sôn am wragedd yn mynd allan i weithio oni bai eu bod nhw mewn tlodi dybryd. Ond weithiau byddai ei hamhrydlondeb yn peri tipyn o drafferth i ni—yn cyrraedd ysgol a chapel ychydig ar ôl pawb arall. Os bu tuedd felly yno' i erioed, mi dyfais allan ohoni wrth weithio i'r BBC. Amhrydlondeb ydi'r wythfed pechod marwol. Mae gweithio'n fan'no'n magu cloc yn eich pen.

Un peth rydw i'n gofidio amdano, a hynny ydi nad own i ddim wedi holi mwy ar 'y nhad am ei blentyndod yn Llangwyllog, Sir Fôn. Rhyw swildod efallai oedd i'w gyfri am hyn, am 'mod i'n gwybod nad oedd y cartre'n un hapus iawn. Fe redodd o i ffwrdd i Lerpwl yn bymtheg oed, gan feddwl mynd i'r môr, ond fe ddaeth un o'i bum chwaer yno mewn pryd i'w rwystro. Ond aeth o ddim yn ôl i Fôn, ond cymryd gwaith prentis siopwr ym Mhenbedw.

Wedi byw yng nghanol y wlad a mynd o gwmpas efo'i dad yn blentyn, roedd gyno fo stôr o wybodaeth am adar a chreaduriaid y coed. Er mawr ofid i mi rŵan, wnes i ddim gwrando digon arno fo. Ond mae'n rhaid bod y dylanwad yma wedi llechu'n ddirgel yno' i oherwydd, erbyn hyn, fe ddaeth y pethe yma'n bwysig iawn i mi.

2

Mae'n siŵr mai arwydd o 'dynnu mlaen' ydi bod cof am Ysgol y Babanod—yr Ysgol Fach—lle'r es i'n bedair oed yn gliriach o lawer na llawer i beth a ddigwyddodd wedyn. Aroglau henffasiwn sialc ar lechen, gwneud cestyll mewn bocs o dywod, dysgu'r a-bi-ec a 'Yr Arglwydd yw fy mugail'; a thair gwraig oedd yn ymddangos i mi mor hen â Methiwsela yn ein hyfforddi ni ymhen ein ffyrdd. (Rhaid mai yn eu deugeiniau cynnar oedden nhw.)

Ond yn bennaf oll cofio treio siarad Cymraeg, i gael peidio â bod yn wahanol i'r plant eraill, ond y rheiny'n mynnu troi i'r Saesneg efo mi, achos mae'n rhaid mai Cymraeg go ryfedd oedd gen i, a minne newydd ddod i Ddolgellau o Benbedw bell. Y peth oedd, roedd yna ewyllys yno' i i siarad Cymraeg, hyd yn oed yn fy maboed.

Ond, yn raddol, fe ddiflannodd yr ewyllys yma, ac fel yr es i mlaen yn yr Ysgol Gynradd rown i'n casáu'r gwersi Cymraeg mwy a mwy—un am awr ar ddydd Iau a'r llall am awr ar ddydd Gwener. Yn un peth, rown i'n cael fy rhoi i eistedd efo bachgen oedd yn yr un sefyllfa â mi. Dyna waradwydd. Roedden ni'n dau'n wahanol i bawb arall. F'unig gysur oedd mai Saesneg oedd iaith pob gwers arall. Roedd gwneud syms yn boendod, fel maen nhw rŵan, ond roedd darllen a sgrifennu'n bleser dihafal.

Ac felly, os bu yna ddylanwad arbennig arna i yn ystod blynyddoedd yr Ysgol Gynradd, mae'n siŵr mai rhyw fath o atgasedd a fagwyd yno' i at y Gymraeg oedd hwnnw. Pam, tybed? Mi fûm i'n fy holi fy hun droeon. Wel, yn un peth, dydi plentyn ddim yn hoffi ymddangos yn dwp, a doedd neb wedi cynnig egluro dirgelion treiglo ac ati i mi. Mi rown i'n ymwybodol 'mod i'n dweud pethe i beri i'r plant eraill chwerthin ac, wrth gwrs, yr amser hynny, doedd dim sôn am ddulliau dysgu ail iaith.

Y diwedd fu, pan gyrhaeddais Ysgol Dr Williams a deall bod rhaid dewis reit o'r cychwyn rhwng y Gymraeg a'r Ffrangeg, daeth ton o ryddhad drosto i. Ffrangeg amdani!

Ac, wrth edrych yn ôl a cheisio dadansoddi'r peth, rydw i'n cael y teimlad nad oedd neb wedi gwneud fawr o ymdrech i'm helpu. Roedd yna ryw deimlad yn Nolgellau ar y pryd—hwyrach ei fod o'n dal yno—fod y Saesneg yn bwysicach. Bod hi'n neis fod y Gymraeg yno, wrth

gwrs, ac yno y byddai hi. Dim peryg iddi ddiflannu, ond os oeddech chi
am ddod ymlaen yn y byd, wel, Saesneg oedd yr iaith. Ac, wrth gwrs,
Saesneg oedd iaith y byddigions o'n cwmpas oedd yn rhoi gwaith i bobl
Dolgellau. Saesneg oedd iaith Ysgol Dr Williams ac, i raddau llai, Ysgol
Ramadeg y bechgyn.

Mae'n wir ar Ddydd Gŵyl Ddewi, y byddai'r Gymraeg yn cael sylw yn
yr ysgol, a diwrnod cyfan yn cael ei roi i Eisteddfod yr Ysgol—eisteddfod
hanner Cymraeg hanner Saesneg gyda chadair am gerdd Gymraeg a
choron am gerdd Saesneg. Pan ddigwyddais inne ennill y goron (am
gerdd ar Jiwdas Iscariot o bopeth) roedd pawb wedi synnu at yr hogan
swil, ddi-sylw, nad oedd hi ddim wedi gwneud fawr o argraff cyn
hynny. Pawb, ddywedwn i, ond un, sef Miss Dorothy Davies, yr
athrawes Saesneg. Hi oedd dylanwad pwysicaf fy nyddiau ysgol—fy
Miss Moffat bersonol i.

Rwan, rydw i'n ymwybodol iawn fod llawer o'r merched yn ei
chasáu. Roedd hi'n gallu bod yn greulon o goeglyd os nad oedd hi'n
eich licio chi. Ond, os digwydd ei bod hi, roedd ei gwersi Saesneg yn
antur o ddarganfod trysorau.

Dyna lle byddai hi, yn sefyll mor syth â chonwydden, ei chefn at y
ffenest fel ei bod hi'n medru gweld pob smic ar ein hwynebau ni. Ar
wahân i'r llyfrau gosod—Shakespeare, wrth gwrs, a Shelley, Keats a
Tennyson—roedd hi'n barod i'n tywys ni i fyd James Joyce a D. H.
Lawrence a Graham Greene, er nad oedd y rhain yn benodol yn rhan
o'n cwrs. Ac, wrth gwrs, Gramadeg. Roedd pwys mawr ar ramadeg. Mi
alla i jyst ddychmygu ei sylwadau asidaidd ar gyflwr gramadeg Saesneg
pobl heddiw, hyd yn oed rhai o fawrion teledu a radio. Y noson o'r
blaen mi glywais i ddrama ar deledu Llundain oedd wedi cael ei heipio
i'r cymylau ymlaen llaw, ac rown i'n methu credu pan glywais i'r
frawddeg olaf. 'It's not going to make any difference to you and I, is it?'
Oedd neb o'r cast wedi sylwi? Oeddet ti'n clywed, Do? Gallwn weld y
llygaid glas oer yna'n cau mewn diflastod, a dwn i ddim be fydde hi'n
dweud am y ffordd y camdrinnir y rhagenw perthynol 'whom' heddiw.

Mi fydde hi'n britho ei gwersi â rhyw sylwadau bach ffraeth, a
gwneud i chi feddwl mor ddwfn ag y gall rhywun pedair ar ddeg oed ei
gyrraedd uwchben cwestiynau seicolegol, moesol, crefyddol y dydd.
Rydw i'n dal i'w chofio hi'n dweud hanes gwraig oedd yn addoli ei mab,
a phan aeth hwnnw'n wael iawn, bod honno wedi gweddïo a gweddïo

gyda'r holl nerth oedd ynddi am iddo gael gwellhad. Ac fe wellodd y bachgen. Ond ar ôl iddo dyfu fe ddaeth yn achos pryder mawr ac anhapusrwydd i'w fam. Roedd y ddynes yma, meddai Do, yn teimlo am weddill ei hoes ei bod hi wedi gwyrdroi ewyllys Duw drwy weddïo'n rhy daer. Oedd hyn yn bosib? Am bethe felna, nad oedd a wnelon nhw ddim â'r wers mewn gwirionedd, y bydde hi'n ysgogi ein dychymyg. Ac, yn wir, wrth adrodd yr hanes bach yma rwan, rydw i'n dechrau meddwl fod yna nofel neu ddrama yn fan 'ma. On'd oes?

Roedd yr ysgol yn enwog am y sylw a rowd i gerddoriaeth. Cyn mynd yno, rown i wedi dechrau cael gwersi piano gan un o dair chwaer oedd yn cadw siop gacennau cartre a brodwaith ar y Sgwâr. Mi fasech chi'n taeru mai cymeriadau allan o Cranford oedd y rhain. Ar wahân i'w chacennau roedd Miss Agnes Bicknell yn enwog am y lliw coch roedd hi'n ei roi ar ei bochau. Fel y dywedodd ffoadur o Iddew, fiolinydd y byddwn i'n cyfeilio iddo weithiau, 'I think her cakes are better than her piano'.

Da waeth am hynny, roedd hi wedi fy rhoi i ar ben y ffordd gerddorol, ac mi ges i hyfforddiant da iawn pan es i i Dr Williams, a cherddoriaeth yn hoff bwnc gen i.

Rydw i'n meddwl fod yna bedair cerddorfa yno yn f'amser i. Mi ddechreuais inne ddysgu'r fiolin ond, am nad own i'n berchen ar fiolin fy hun, roedd hyn yn golygu aros ymlaen ar ôl ysgol i bracteisio. Rown i'n falch felly pan ganiataodd Mam i mi roi'r gorau i'r gwersi (deud y gwir, dwi'n meddwl ei bod hi'n falch o gael arbed y gost) ond mi gefais fy ngwneud yn gyfeilydd piano i bob cerddorfa. Wrth gwrs, doedd dim dichon i mi gael pen mawr am unrhyw ddawn gerddorol oedd gen i. On'd oedd 'na ferch o'r enw Dilys Elwyn Edwards yn yr ysgol yr un pryd â fi, ac yn fy nghuro i'n rhacs mewn unrhyw gystadleuaeth chwarae neu gyfansoddi? Rydw i'n ddiolchgar iawn i'r ysgol am ei phwyslais ar y celfyddydau, drama a cherddoriaeth, hyd yn oed os oedd hynny ar draul yr ochr academaidd weithiau. Petawn i wedi cael yr un cefndir yno o ddiwylliant Cymreig, bydde f'ymdrechion sgrifennu yn Gymraeg dipyn yn haws ac wedi digwydd yn gynt ar fy mywyd.

Oherwydd ein bod ni wedi'n rhannu'n anghyfartal iawn yn ferched preswyl a merched dyddiol (llawer mwy o rai preswyl) fe ddois i'n gyfarwydd am y tro cyntaf ag ystyr snobyddiaeth. Roedd y merched preswyl yn *talu* am eu haddysg; roedd y rhan fwyaf ohonon ni, ferched dyddiol, yno am ein bod ni wedi pasio'r 'scholarship'. Roedd rhieni'r merched preswyl yn *gefnog*, wel, o'u cymharu â ni. Roedd ein rhieni ni, felly, o radd is mewn cymdeithas. Dyna'r agwedd, er na ddywedid hynny mewn geiriau plaen hwyrach, ac fe enynnodd hyn yno' i atgasedd oes at y math o snobyddiaeth oedd yn rhoi bri ar arian a safle cymdeithasol. Y drwg oedd, nid y merched yn unig oedd ar fai. Roedd y peth yn treiddio i lawr o'r top. Er enghraifft, ni thrafferthodd y brifathrawes egluro wrth y merched dyddiol fod yna gronfa fenthyg ar gael i helpu talu am addysg bellach. Yn y dyddiau di-grant hynny, doedd dim modd i rywun fel fi fynd i'r Brifysgol oni bai eich bod chi am fynd yn athrawes, ac un peth rown i'n sicr ohono oedd—doeddwn i *ddim* am fod yn athrawes.

Ond mi gefais i fy ngholeg fy hun mewn ffordd arall pan adewais yr ysgol yn un ar bymtheg oed, ac mi gaf sôn am hyn y tro nesa.

3

Dau ddiwrnod cyn y Nadolig lawer blwyddyn yn ôl, y diwrnod ar ôl i'r ysgol gau, a minne'n un ar bymtheg oed, mi ddechreuais weithio yn Llyfrgell yr hen Sir Feirionnydd. Down i ddim yn cael fy nghyflogi gan y Cyngor Sir. Cyndyn iawn oedd y Pwyllgor Addysg i roi ychwaneg o help i Miss Jane Roberts y Llyfrgellydd oherwydd roedd yna un cynorthwy-ydd yno'n barod. Ond mynnodd Miss Roberts fy nghael, a chael fy nhalu o'r *petty cash*, sef coron yr wythnos, llai arian yswiriant a phensiwn. Felly pedwar swllt a dime oedd fy nghyflog wythnosol.

Ond roedd yno fanteision. O'i phoced ei hun fe dalodd Miss Roberts am gwrs gohebol i mi mewn llyfrgellyddiaeth. Pwysicach fyth oedd y cyfle i sgwrsio bob dydd â'r wraig wâr, ddiwylliedig hon uwchben cwpaned o de—na, cwpaneidiau o de China, gwan a lot o laeth.

Byddai'r tri ohonom ni, Miss Jane, Emrys Hughes a minne, yn treulio amseroedd maith yn siarad am bopeth dan haul uwchben y te 'ma ac un o deisennau Miss Bicknell—siarad am y rhyfel, heddychiaeth, diffygion llywodraeth leol. Ac ambell i glec bach am bobl. Ond yn bennaf oll am lyfrau. Felly down i ddim yn teimlo fod ffawd wedi delio cardiau annheg i mi drwy i mi beidio â mynd i'r Brifysgol. On'd own i'n gweithio ymhlith llyfrau a chyfle i fynd â'r rhai poeth o'r wasg adre i'w darllen?

Dewch i mi dreio disgrifio Miss Jane i chi. Rhaid ei bod hi wedi bod yn hynod o ddeniadol yn ei hieuenctid, ond erbyn i mi ei hadnabod roedd ei bywyd eistedd i lawr wedi ei throi hi'n belen gron. Ond roedd hi'n smart. O, roedd hi'n smart, ei hetiau'n dod o Harrods, a'r rheiny'n rhai mawr wedi 'u haddurno â blodau neu geirios. Hi oedd y gynta i mi 'i gweld yn newid ei sbectol bob dydd i liw'r fframiau gyd-fynd â lliw'r siwt roedd hi'n ei gwisgo y diwrnod hwnnw.

Yn y Friog roedd hi'n byw, rhyw wyth milltir o Ddolgellau. Fyddai hi byth yn cyrraedd y Llyfrgell cyn hanner awr wedi deg i un ar ddeg, ond mi fyddai hi yno tan 8 neu wedyn—felly pam lai, os oedd ei chloc metabolaidd yn gorchymyn hynny?

Siaradai Saesneg efo acen *posh* braidd, ond roedd ei Chymraeg yn werinol, ac, fel rydw i wedi sylwi droeon, bydd cymeriad pobl yn newid yn ôl pa iaith y byddan nhw'n 'i defnyddio. Miss Roberts ddiwylliedig a dreuliodd beth amser yng Nghanada oedd y Saesnes, a byddai pobl yn tyrio i'r Llyfrgell am sgwrs—pobl ddewisiedig ddylwn i ddeud. Doedd ganddi ddim amynedd efo pawb, a heb fod ar ôl yn dangos hynny. Ond Jane, merch ffarmwr o Feirion oedd y Gymraes, a'i thad a'i mam wedi bod yn rhan o gylch diwylliedig O. M. Edwards a Tom Ellis, ac mi ddysgais inne dipyn am y cyfnod dim ond wrth wrando arni hi.

Jane Austen oedd ei ffefryn ymhlith awduron Saesneg, ac yn wir, mi roedd rhywbeth Jane Austenaidd yn ei hiwmor sych a'i phwyslais ar foneddigeiddrwydd. Roedd hi'n hoffi dweud pethe fel 'Fydd boneddiges fyth yn anfwriadol anfoesgar'. Ac, yn wir, roedd hi'n gallu ei dweud hi'n hallt wrth y rhai oedd yn ei throseddu, ond bob amser gydag urddas.

O'r cychwyn cynta roedd hi'n pwysleisio arna i yr angen i wella fy Nghymraeg. 'Bydd pobl fel Moses Gruffydd a D. J. Williams, Llanbedr, a Cassie Davies yn galw yma,' meddai. 'Wnaiff hi mo'r tro i chi ddeud eich bod chi'n deall Cymraeg ond ddim yn ei siarad.' (Cywilydd gen i ddweud i mi fod yn euog o hyn.)

Ac mi fyddai hi'n mynd ymlaen i awgrymu llyfrau Cymraeg y dylwn eu darllen. *Traed Mewn Cyffion*, *O Gors y Bryniau*, *Gŵr Pen y Bryn*—dyna oedd y rhai cynta. Ond dyma fi'n dechrau darganfod llyfrau Cymraeg drosof fy hun, a'r cyntaf i wirioneddol gydio yn fy nychymyg i oedd

Y Wisg Sidan gan Elena Puw Morgan, awdur sydd wedi cael llai na'i haeddiant gan y beirniaid academaidd yn fy marn i.

Ond gem fach o lyfr a agorodd fy llygaid i drysorau'r iaith oedd *Hwnt ac Yma*, llyfryn bach a gyhoeddwyd ar ddechrau'r rhyfel gan Wasg Prifysgol Cymru. Dim ond swllt oedd ei bris, oherwydd ei fwriad pennaf oedd rhoi deunydd darllen i filwyr ifainc o Gymry, yn sôn am Gymru a'r bywyd Cymreig. Wel, yn wir, fe gafodd ddylanwad dihafal arna i, ac mi fydda i'n dal i droi ato o hyd fel llyfr bach erchwyn y gwely. Yma wnes i ddarllen 'Cymru' Gwenallt am y tro cynta, darn o 'Hiraeth am Fôn' Goronwy Owen, darn arall o 'Theomemphus' Williams Pant-ycelyn, 'Dychwelyd' T. H. Parry Williams, a stôr o ryddiaith o Emrys ap Iwan i Saunders Lewis. Agor cil y drws ar drysorau, yn sicr. Dyma'r hedyn a eginodd yno' i gariad mawr at farddoniaeth Gymraeg. Yn yr ysgol, doeddwn i ddim wedi clywed gair am Dafydd ap Gwilym na Iolo Goch na Goronwy Owen, ond mi ddechreuais ddysgu ar 'y nghof ddarnau helaeth allan o *Hwnt ac Yma*.

Daeth yr amser i mi gael swydd 'go iawn' ac roedd hynny yn Llyfrgell y Coleg yn Aberystwyth. Erbyn i mi gyrraedd Aber rown i'n ddigon hyderus i ymuno â'r Aelwyd yno heb gyfadde nad oedd y Gymraeg yn dŵad yn rhwydd i mi. Dyna ddylanwad mawr arall ar fy mywyd— Aelwyd yr Urdd. I bobl ifainc hŷn oedd yr Aelwyd bryd hynny. Digwyddais fy nghael fy hun yng nghwmni pobl fel Norah Isaac, Siarlot Myles, Dilys Gunston Jones (oedd yn cyd-letya â mi) ac ambell waith Gwenallt, Jacob Davies a Saunders Lewis ei hun. Ar y cyrion own i wrth gwrs, yn gwrando, gwrando, ond roedd y cylchoedd darllen dramâu, darllen barddoniaeth a dysgu alawon gwerin yn bethau a roddodd ffurf ddi-droi'n-ôl i 'mywyd.

A dyma'r cariad yma at farddoniaeth yn dyfnhau eto ar ôl mynd yn ôl i Ddolgellau, y tro hwn i swydd go iawn yn y Llyfrgell. Fe ofynnwyd i mi gyfeilio i Barti Cerdd Dant Rhydymain, ac yn arbennig i'm ffrind, Margaret Owen. Un diwrnod pan oedden ni wrthi'n ymarfer, digwyddais fentro f'alto i gynganeddu efo'i soprano hi. 'Jawch,' meddai Robin, ei gŵr, 'mae hwnna'n swnio'n dda. Beth am gystadlu ar y ddeuawd yn Steddfod Caerffili?' A dyna'n union be naethon ni. Ac ennill. Sdim byd fel dechre'n y top, nag oes, hyd yn oed os bydd rhywun yn llithro i ebargofiant wedyn!

Ond roedd gynnon ni athro da, sef William Edwards, Rhydymain, canwr penillion enwog yn ei ddydd. Un o'r cantorion traddodiadol oedd o, yn mynnu glynu wrth yr hen reolau, a dyna sut y cawson ni ein hyfforddi. Mi ddaru Margaret ei ddilyn yn ei ddull o osod, ac mi ddoth hi'n dipyn o giamster ar y grefft. O'm rhan fy hun, rown i wedi dechrau dysgu canu'r delyn.

Ond oherwydd yr holl ymwneud â cherdd dant, y peth mawr i mi oedd bod gen i stôr o farddoniaeth Gymraeg ar fy nghof, yn enwedig y canu caeth. Ac os bydda i'n digwydd bod yn isel fy hwyl, fel y bydd yn digwydd weithie, mi fydda i'n mynd at y delyn ac yn canu—dim ond i mi fy hun erbyn hyn wrth gwrs—

> Mae'n deg yr haf, a mwyn yw digrifwch
> Ba raid a fai wrth amgen brydferthwch?
> Digon i'r dydd ei degwch. Chwi'r adar
> A'r gwenyn cynnar gan hynny cenwch!

Mi fydd yn gweithio bob tro!

4

Mi fentra i ddweud fod gan bob un ohonon ni sy wedi cyfrannu at y gyfres hon un dylanwad sy'n gyffredin i ni i gyd. Mae'n siŵr y bu capel neu lan yn rhan bwysig o'n datblygiad, er gwell neu er gwaeth, yn enwedig i'r rhai ohonon ni oedd yn blant cyn yr Ail Ryfel Byd. Roedd disgwyl i ni fynd i'r moddion dair gwaith ar y Sul, nes i ni dyfu'n ddigon hen i fedru darbwyllo ein rhieni ein bod ni ar ei hôl hi efo'n gwaith cartre at y Llun.

Roedd yn well gen i'r Ysgol Sul na'r gwasanaethau bore a hwyr a oedd yn golygu eistedd yn llonydd yn rhy hir o lawer ac, ar ddiwedd y dydd, wynebu'r artaith o ddweud adnod o flaen pobl mewn oed. Fel roedd hi'n digwydd mi fûm i'n lwcus iawn yn f'athrawon Ysgol Sul. Un yn arbennig a gafodd ddylanwad aruthrol ar fy mywyd.

Gwerthwr glo oedd Dafydd Owen, ar ôl bod yn was ar un o'r ffermydd wrth droed Cadair Idris. Mae'n siŵr felly na chafodd o fawr o addysg ffurfiol, ond y fo oedd un o'r dynion mwya gwâr y gwn i amdano.

Byddai Mam yn dweud fod gan fy nhad adnod roedd o'n rhoi pwys neilltuol arni, sef 'Gwylia ar dy droed pan fyddych yn myned i dŷ Dduw, a bydd barotach i wrando nag i roi aberth ffyliaid . . .' Byddai Mam yn dweud mai'r adnod hon oedd yn dod i'w meddwl bob tro y byddai hi'n gweld Dafydd Owen yn dod i mewn i'r capel. Cerddai'n bwyllog ac yn dawel i lawr yr eil ac i mewn i'r Sêt Fawr, dyn pryd tywyll, hardd, a'i lygaid weithiau'n pefrio o ddireidi gan nacáu ei ddwyster arferol.

Mi fyddai'n codi'n araf i gyflwyno'r cyhoeddiadau mewn Cymraeg coeth gwerinwr o Rydymain. Yr oedd urddas tywysog ar ei leferydd, a hynny'n gymysg â gwyleidd-dra.

Gwaith digon anodd ydi bod yn athro neu'n athrawes ar griw o bobl ifainc ar derfyn eu harddegau, a doedd ddoe ddim yn wahanol i heddiw. On'd oedden ni'n gwybod y cwbl? Roedden *ni* wedi cael addysg ac wedi dechrau amau. Pwy heddiw oedd yn credu stori'r Creu, neu stori'r geni o Forwyn? Roedden *ni* wedi darllen nofelau Aldous Huxley a dramâu Shaw, ac o leiaf yn *honni* ein bod ni wedi darllen Freud.

Byddai Dafydd Owen yn gwrando ar ein sicrwydd hunandybus heb godi gwrychyn. Digon iddo fo oedd ei fod o wedi'n hysgogi ni i feddwl. 'Bydd barotach i wrando . . .' Fuo 'na rioed well gwrandawr na fo. Ac eto, pan fu raid iddo esbonio rhywbeth mi fyddai'n ei wneud yn dawel mewn iaith gain, resymegol. A ninnau a gafodd ein haddysg yn Saesneg, yn agor ein clustiau ac yn rhyfeddu at ogoniant Cymraeg yr Ysgrythurau.

Fo oedd yr un soniodd wrtha i'n gyntaf am y Crynwyr. Rhyfedd meddwl i mi fynd drwy'r ysgol ddyddiol heb glywed am gysylltiad y grefydd hon â Dolgellau. Ond yr oedd gan Dafydd Owen ryw atyniad greddfol at y Crynwyr, a digon hawdd deall pam. Rydw i'n ei gofio fo'n sôn am bwysigrwydd llonyddwch. (Ac yntydi 'llonyddwch' yn well gair na 'distawrwydd' sydd ag iddo ryw oblygiadau negyddol braidd?)

'Peidiwch, a gwybyddwch mai myfi sydd Dduw . . .' Am unwaith mae'n well gen i'r Saesneg, 'Be still and know that I am God'. Hwyrach fod y gallu i fod yn llonydd yn prinhau bob dydd. Trowch y teli ymlaen, darllenwch y papur newydd, llenwch bob eiliad sbâr sy gennych chi i osgoi'r gwewyr o feddwl. Mi ddywedodd rhywun ein bod ni wedi anghofio sut i eistedd yn llonydd ar ein pennau'n hunain mewn ystafell. Ond yn ei ddosbarth Ysgol Sul fe ddysgodd Dafydd Owen i ni werth myfyrdod tawel, mi ddysgodd i ni gred fawr y Crynwyr yn y

Goleuni Oddi Mewn, ac am yr angen i chwilio am yr hyn sydd o Dduw ym mhob dyn. Y gŵr hwn oedd un o ddylanwadau mwyaf fy mywyd. I fynd yn ôl dipyn bach i'r saith i ddeg oed. Bob nos Fawrth mi fydden ni'n mynd i'r Band of Hope. (Rhywsut doedd yr enw 'Gobeithlu' ddim wedi cydio.) Dyna ni, blant bach, yn mynd i fyny i'r llwyfan yn ein tro i arwyddo'r Adduned yn erbyn y Ddiod, ac wedyn ei morio hi'n canu 'Dŵr, dŵr, rhyfeddol ddŵr' allan o 'Murmur y Llanw'. Faint o ddylanwad parhaol gafodd arwyddo'r Adduned arnon ni feiddia i ddim dyfalu. Dydw *i* ddim wedi cadw ati mae arna i ofn. Ond, i mi, un peth gwerthfawr yn deillio o'r Band of Hope oedd cael dysgu'r Tonic Sol-ffa yno. Ar y pryd, a minnau'n dysgu'r hen nodiant ar gyfer canu'r piano, rhaid cyfadde fod yno' i ryw duedd i edrych i lawr ar y tonic sol-ffa fel rhywbeth tu hwnt o henffasiwn. Ond falle y byddwch chi'n synnu clywed i wybodaeth o'r hen Donic fod o help aruthrol i mi pan es i'n fyfyriwr aeddfed i Ysgol Gerdd y Guildhall flynyddoedd yn ddiweddarach i astudio cerddoriaeth, ac yn arbennig o werth yn y dosbarth harmoni. Dwn i ddim i ba raddau mae'n cael ei ddysgu heddiw, os o gwbl. Os nad yw, hwyrach mai dyna'r rheswm pam y bydd corau yn cael cymaint o drafferth i gael aelodau newydd.

Tua'r adeg roeddwn i tua'r 14-15 oed, ychydig cyn y rhyfel, roedd y Mudiad Heddwch yn ei anterth a chyfarfodydd y P.P.U. (Peace Pledge Union) yn denu siaradwyr o fri i lefydd diarffordd fel Dolgellau. Rydw i'n cofio gwrando ar bobl fel Eric Gill ac Ethel Mannin a'r Arglwyddes Artemus Jones, ac mi roedd y bobl ryfedda'n rhuthro i ymuno â'r P.P.U. yr adeg honno. Ond pan dorrodd y rhyfel allan, ychydig iawn o'r rheiny a gymerodd y cam o gofrestru fel gwrthwynebwyr cydwybodol.

Er 'mod i'n cofio dolurio 'nhad, mi wnes inne gofrestru fel gwrthwynebydd cydwybodol pan ddaeth yn amser i mi wneud. Ond, fel roedd hi'n digwydd, rhyw wrhydri go hawdd oedd hynny. Fu ddim rhaid i mi fynd o flaen Tribiwnlys. Mi dreiais i ymuno â'r Crynwyr oedd yn gwneud gwaith cymdeithasol ac, yn wir, mi es cyn belled â Wolverhampton i gael cyfweliad. Ond, er i mi gael fy nerbyn, ches i ddim caniatâd i ymuno am fod fy ngwaith yn y Llyfrgell yn cael ei ystyried yn *reserved occupation*.

Fedra i ddim dweud 'mod i wedi glynu'n ddiysgog wrth fy naliadau pasiffistaidd drwy gydol y rhyfel. Rown i'n simsanu'n arw pan fyddai'r newyddion yn dod am yr erchyllterau oedd yn digwydd i'r Iddewon, ac roedd gen i ryw gymaint o gydymdeimlad â'r heddychwyr oedd yn teimlo fod rhaid iddyn nhw droi côt. Ond cwestiwn academaidd mewn gwirionedd oedd beth own i'n ei gredu neu ddim yn ei gredu, oherwydd fe aeth fy mywyd yn Nolgellau ymlaen yn ddigon digyffro.

Yn y cyfamser rown i wedi dechrau teimlo i'r byw dros yr hyn oedd yn digwydd i Gymru. Ac, i mi, canlyniad anochel hyn oedd ymuno â Phlaid Cymru.

Rydw i wedi bod yn treio meddwl pwy yn union ddylanwadodd arna i i'r cyfeiriad yma. Miss Roberts y Llyfrgellydd blanodd yr hedyn yn sicr. Fy nghyfeillion yn Aberystwyth roddodd ddŵr i'r planhigyn, drwy fy nghymell i i ddarllen 'Cwrs y Byd' yn *Y Faner* lle roedd Saunders Lewis yn sgrifennu pethau deifiol ac, fel roedd hi ryfedda ar adeg o ryfel, yn cael llonydd i wneud hynny. Wedyn, gwrando ar gewri fel Lewis Valentine, J. E. Daniel, Gwynfor Evans a Wynne Samuel, ac roedd fy naliadau gwleidyddol wedi'u selio am byth. Un o uchelfannau fy mywyd oedd cael bod yn gynrychiolydd Etholiad i Gwynfor ym Meirion yn Etholiad '50. Methu ddaru ni, wrth gwrs. Roedd Caerfyrddin yn bell, bell yn y dyfodol, ond yr un oedd yr hyder a'r asbri a'r ffydd, ac rydw i'n falch o'r anrhydedd o fod wedi bod yn rhan o'r bwrlwm oedd yn y Blaid yr adeg honno.

5

Bydd pobl yn gofyn i mi o dro i dro, 'Sut 'dach chi'n cychwyn eich nofelau?' A f'ateb ydi 'bron yn ddieithriad—Lle'. Felly i gloi'r sgyrsiau bach hyn rydw i am sôn am y llefydd sydd wedi dylanwadu yn bennaf ar fy ngwaith sgwennu.

Penbedw, wrth gwrs, i ddechre. Er mai dim ond 4 oed own i'n gadael y lle i ddod i Ddolgellau, roedd Nain a'm Hewyrth Trefor yn dal i fyw yno, yn dal i gadw siop, felly roedd y dre hagr honno'n rhyw fath o *shangri-la* gwylie i'm chwaer a minne am flynyddoedd lawer. Ac roedd clywed hwteri'r llongau ar Afon Mersi, a gweld yr hen dai Fictoriaidd o gerrig coch tywyll neu briddfeini melyn, lle byddai'r merched gweini'n dŵad yn eu cannoedd o Gymru o ganol y ganrif ddiwetha ymlaen—byddai hyn i gyd bob amser yn ysgogi'r dychymyg mor bell yn ôl ag y galla i gofio. Dim rhyfedd felly fod y dylanwadau hyn wedi esgor ar *I Hela Cnau*. Roedd o'n gyfle dihafal i ail-fyw hen brofiadau a gwrthgyferbynnu bywyd gwlad a thref.

Oherwydd, yn y pen draw, bywyd y wlad ydi'r un y galla i uniaethu ag ef orau. Wel, doeddan ni ddim yn byw yn y wlad yn union. Tai yng nghanol Dolgellau fu gynnon ni erioed, ac mae'n debyg mai fel un o genod y dre y byddwn i'n cael f'ystyried.

'Dach chi'n gweld, yn yr ysgol gynradd, roedd 'na blant y wlad a phlant y dre—plant y dre'n edrych i lawr ar 'Iobs y wled' a phlant y wlad yn smala iawn am 'hen betha'r dre'. Mi fydden ni'n mynd adre i gael cinio, ond bydde plant y 'wled' yn dod â'u brechdane hefo nhw ac yn eistedd ar feinciau yn y stafell goginio. Yn ddistaw bach rown i'n meddwl fod hyn yn rhamantus dros ben, ac fe roiswn i'r byd am fod yn un ohonyn nhw.

Yr adeg honno bydde plant y wlad yn cerdded adre—dim sôn am fws ysgol, rhai ohonyn nhw'n cerdded rhyw dair neu bedair milltir bob ffordd. Am ryw reswm roedd hyn yn apelio'n ofnadwy ata i, ac rown i wrth 'y modd pan ddois inne o hyd i ffordd newydd o fynd adre a fyddai'n mynd â fi allan i'r wlad cyn cyrraedd fy nghartre—a hynny ryw awr yn hwyrach nag oedd disgwyl i mi fod. Er mawr ofid i Mam, mae'n siŵr.

Pan fyddwch chi'n darllen stori neu nofel, hwyrach y byddwch chi wedi sylwi hanner ffordd drwodd eich bod chi'n lleoli'r hanes yn eich dychymyg mewn lle cyfarwydd. Wel, bob tro y darllena i lyfr wedi'i leoli ar fferm, mi fydd bob amser yn un o ddau le. Yn gynta, fferm yng Nglyndyfrdwy ger Corwen lle y bu Mam a fi'n cael gwella ar ôl i ni'n dwy fod yn bur wael o lid yr ysgyfaint. Rydw i'n dal i glywed yr ieir yn clochdar ar y buarth a'r moch yn rhochian yn eu cytiau, dal i weld y llestri glas a gwyn ar y bwrdd yn llond o fenyn ffres, y ceffyl a chert oedd yn ein cludo ni nôl ac ymlaen i'r stesion, a phawb wrthi fel lladd nadredd yn y cae gwair. Oes cyn-dractor oedd hon fel y gwelwch chi, ac mae'r awyrgylch a'r naws wedi aros efo fi hyd heddiw.

Ac wedyn—fferm fach ryw filltir a hanner o Ddolgellau, lle bydde'n chwaer a minne'n cerdded ar ôl ysgol yn yr haf i chwarae hefo plant y teulu. Yma, eto, yn y byd di-dractor mi fuon ni'n chwarae yn y styciau gwair ac yn yfed llaeth enwyn nes codi poen yn ein bolie.

Wrth sgrifennu *Y Stafell Ddirgel* mi wyddwn wrth gwrs yn union lle roedd Bryn Mawr ond, ar fy ngwaetha, fedrwn i ddim cadw'r fferm hon, Sgubor, allan o'm meddwl. Wrth gwrs, digon hawdd i blentyn fel own i weld y bywyd yma'n rhamantus. Doedd fy nheulu i ddim yn gorfod ymdopi â bywyd llwm y ffermwr yn nauddegau a thridegau'r ganrif hon, ac mae'n siŵr fod yna gyni yno na wyddwn i ddim oll amdano. Ond i ni'n dwy, nefoedd o le oedd hwn.

Lle arall yn y wlad oedd yn ysgogi'r cyw nofelydd oedd Boduan yng Ngwlad Llŷn. Bob haf bydde'n chwaer a minne'n cael mynd i un o fythynnod y Plas i aros efo'n cyfnitherod lle roedd eu tad nhw'n gipar ar y Stad.

Awyrgylch o fath arall oedd i'w gael yma, ond am ein bod ni'n cysgu yno, roeddan ni'n fwy o ran ohono rywsut nag o'r fferm ger Dolgellau. Profiad newydd oedd helpu cynnau tân heb lo, coginio ar stôf olew, a mynd i'r tŷ bach yng nghanol y coed lle byddai iâr, efallai, wedi dodwy ei hwyau. Ac rydw i'n dal i glywed yr ogle' afale a osodwyd ar lawr un o'r llofftydd i'w cadw. Yn wir, roedd y lle yma'n odidog i'r awen oedd yn dechre ymwthio i fyny o rywle yn fy isymwybod. Fa'ma y mentrais ar fy rhigymau cyntaf, a'r storïau bach a anfonais i bapur newydd Lerpwl a chael 3/6 yr un am bob un. Yn nes ymlaen, wrth gwrs, dyma leoliad cartre Rebecca yn *I Hela Cnau*.

Castell y Bere oedd man cychwyn *Y Gaeaf Sydd Unig*. Newydd glywed roeddwn i y byddai'n rhaid i mi gael ail lawdriniaeth am y cancr. I chi a gafodd yr un profiad, mi fyddwch chi'n cofio'r teimlad o fod yn gaeth mewn rhyw wlad newydd, diarth arswydus! Roedd aros yn y tŷ yn annioddefol. Rhaid oedd bod allan yn yr awyr agored, yn drachtio i mewn olygfeydd oedd wedi mynd yn amhrisiadwy o werthfawr. Mynd allan yn y car un diwrnod heb fod yn gwybod yn union i ble, a'm cael fy hun wrth droed Castell y Bere. Doeddwn i erioed wedi bod yno o'r blaen, dim ond wedi mynd heibio'r gwaelod.

Roedd hi'n ddiwrnod anghyffredin o braf ac, wrth ddringo'r llwybr creigiog, rydw i'n cofio teimlo rhyw gynnwrf cyffrous oedd—ie, wir—yn ymylu ar fod yn ecstasi. Rydw i wedi ceisio dal y teimlad yma tua diwedd y nofel *Seren Gaeth*. Y diwrnod hwnnw doedd yna neb arall o gwmpas, ac mi eisteddais i lawr i syllu ar ogoniant y bryniau o gwmpas, y meysydd islaw a'r afon fach Dysynni yn ymdroelli i'r môr.

Diflannodd hunllef y cancr, a daeth gobaith newydd. Rown i am gael *byw* i sgwennu nofel arall, a honno wedi'i lleoli *yma*. Beth oedd y nofel hon i fod? Y syniad cynta oedd stori am ferch yn y ganrif hon yn cyfarfod â rhith o ddyn, o gyfnod Llywelyn ein Llyw Olaf, a'r ddau'n syrthio mewn cariad. Roedd awyrgylch y lle'r diwrnod hwnnw'n gwneud y peth yn bosibl—rhyw fath o deithio ar draws amser. Flyn-yddoedd yn ôl roeddwn i wedi darllen llyfr J. W. Dunne, *An Experiment With Time*. Ond wedyn, dyma fi'n sylweddoli fod Dr Who wedi dihysbyddu'r syniad yma fel byddai unrhyw ymgais felly'n siŵr o fod yn *clichè*. Rhaid oedd ysgrifennu llyfr yn y cyfnod am bobl oedd yn byw yn y cyfnod. A dyma fan geni *Y Gaeaf Sydd Unig*.

Wrth orffen y sgyrsiau bach hyn, rydw i am gyfeirio at un person a ddylanwadodd arna i'n fwy na neb. Fo oedd yr un a fagodd yno' i yr hyder i fentro sgwennu nofel. Heb anogaeth a symbyliad fy ngŵr, fydde dim wedi'i gwblhau. Mor hawdd ydi cychwyn sgwennu. Dal ati sy'n anodd, ond wrth i mi lafurio ar y nofelau cyntaf, roedd Griff wrth law i roi'r hwb fach angenrheidiol i'm hewyllys. Ac, er iddo farw, rydw i'n dal i glywed ei lais yn fy sbarduno i fynd ymlaen.

Islwyn Ffowc Elis

Llun: Geraint Davies

Islwyn Ffowc Elis

1

Nid iaith fy mam oedd y Gymraeg, ond iaith fy nhad. Merch ddi-Gymraeg oedd Mam, o ardal Rhiwabon ar Glawdd Offa. Merch ffarm oedd hithau, ffarm o'r enw Dinhinlle. Mae Dinhinlle dros chwe chanrif oed. Neu *roedd* o yn hytrach. Achos fe dynnwyd y lle i lawr rai blynyddoedd yn ôl, er gofid mawr i mi.

Roedd Mam a'i chwiorydd yn gwneud caws, wedi dysgu'r grefft gan eu mam. Math o gaws Caer oedd hwn, un coch, heb fod yn rhy gryf. Ac fe fyddai Taid Dinhinlle, Samuel Kenrick, yn mynd efo merlen a thrap rownd y pentrefi i werthu'r caws i'r siopau, a Mam yn mynd efo fo i'w helpu. Un o'r pentrefi oedd Glynceiriog, lle'r oedd 'nhad yn byw. Ac ar un o'r ymweliadau 'ma â Glynceiriog, rydw i'n deall, y cyfarfu 'nhad a Mam.

Rhyw unwaith neu ddwy bob mis am y pedair blynedd nesa fe fyddai 'nhad yn mynd ar ei feic yr holl ffordd i Riwabon—tua dwy filltir ar bymtheg—i weld Mam. Fe ddaeth yr amser iddo ofyn i Taid Dinhinlle 'am ei llaw', fel y bydden nhw'n dweud. Doedd Samuel Kenrick ddim yn hoff iawn o bobol ddiarth, yn enwedig dynion ifanc. Wn i ddim sawl gwaith y gofynnodd 'nhad gâi o briodi'i ferch Catherine, a Taid Kenrick yn ei anwybyddu bob tro. Ond un noson, pan ddaeth y cwestiwn unwaith eto, fe drodd at 'nhad a gweiddi arno, 'Wel, cym'wch hi 'te!' A'i chymryd hi wnaeth 'nhad, wrth reswm. Ond aeth Taid Kenrick ddim i'r briodas. Doedd o ddim yn mynd i briodasau'i blant.

Roedd Taid a Nain Kenrick yn Gymry Cymraeg, ond fe aeth eu plant, un ar ddeg ohonyn nhw, i ysgol Wynnstay yn y pentre, ysgol Saesneg mewn pentre oedd yn cyflym seisnigo. Ac fe droeson i siarad Saesneg â'i gilydd. Fe dyfodd y plant iau—a Mam yn un ohonyn nhw—yn ddi-Gymraeg.

Co' bychan sy gen i am Taid a Nain Kenrick. Mae'n debyg fod rhyw fath o ddireidi chwithig yn Taid. Roedd Mam wedi mynd â fi, yn blentyn ifanc iawn, i Ddinhinlle am ychydig ddyddiau. Un noson, fe gydiodd Taid yno' i, a'm rhoi dros 'y mhen yn un o gypyrddau'r sgrin fawr, cau'r sedd uwch 'y mhen i, ac eistedd arni. Fe glywodd Mam fi'n gweiddi yn y tywyllwch ofnadwy. Fe lusgodd ei thad oddi ar y sedd, agor y cwpwrdd oddi tani a 'nhynnu i allan i'r goleuni. A Taid Kenrick druan yn methu deall be wnaeth o o'i le. Dydw i ddim yn cofio'r peth, wrth gwrs. Mam ddwedodd yr hanes wrtha i. Dydw i ddim yn diodde o glawstroffobia, diolch byth, er y dylwn i fod, mae'n siŵr, ar ôl profiad mor drawmatig.

Fe fu Nain Kenrick fyw am rai blynyddoedd ar ôl ei gŵr. Ond y cyfan rydw i'n ei gofio amdani hi ydi 'i bod hi'n rhyw bresenoldeb bendithiol yn y tŷ, a phopeth yn dawel ac yn ddiogel o'i chwmpas hi.

Lle braf i blentyn oedd Dinhinlle. Ffermdy a thai allan o frics coch Rhiwabon. Cwrt bychan yng nghefn y tŷ a phedair wal glyd o'i gwmpas, a'r pwmp dŵr ar ganol y llawr cobls. Gardd fawr o flaen y tŷ, a llwybrau rhwng y perthi bach o bren bocs yn gwahanu'r gwelyau llysiau; rhes o goed afalau, a changhennau gellyg rhwng y ffenestri ar wal y tŷ: y gellyg mawr melyn na ches i 'rioed gyffwrdd â nhw. 'Dyden nhw ddim yn barod eto, 'mach i.'

Fuodd Taid a Nain Kenrick ddim yn ddylanwad arna i. Ches i ddim digon o'u cwmni nhw. Ond fe ddylanwadodd y taid a'r nain arall arna i'n drwm: John a Jane Ellis.

Roedden nhw'n byw ar ffarm yng nghwm Nantyr yn Nyffryn Ceiriog. Ar ôl bod yn denant am flynyddoedd ar un tyddyn ar ôl y llall, fe brynodd 'y nhaid Aberwheel. Fe gymerodd flynyddoedd iddo glirio'r ddyled arni.

Ar ôl priodi fe gafodd 'nhad fwthyn ar rent ar gwr y pentre o'r enw Rhos-y-Coed. Yn Rhos-y-Coed y dechreuais i fyw. Yno y ganwyd fy mrawd bach, Bryn, dair blynedd yn ddiweddarach. Mae'r pum mlynedd hynny yn Rhos-y-Coed yn para'n atgof byw i mi: y byd bach clyd ymysg y blodau a'r gwenyn yn yr ardd yn sŵn y gwenoliaid a'r canu o'r capel y drws nesa. Roedd rhaid i Mam ddysgu Cymraeg rŵan, am na fedrai Taid a Nain Aberwheel ddim siarad Saesneg. A bendith arni, fe benderfynodd hi a 'nhad mai Cymraeg fyddai'n hiaith ni'r plant. Dim ond Cymraeg siaradodd Mam â ni o'r cychwyn.

Ond fe ddaeth yr amser i mi fynd i'r ysgol. Felly, pan oeddwn i'n bump oed, fe aethon ni i fyny i'r ffarm i fyw, ac fe ddaeth Taid a Nain ac

Anti Olwen i Ros-y-Coed. Fe fyddai Bryn a finnau'n treulio pob dydd Sul yn Rhos-y-Coed er mwyn inni fynd i'r capel y drws nesa—deirgwaith y Sul pan ddaethon ni'n hŷn. A phan ddechreuais i yn ysgol uwchradd Llangollen, mi fyddwn i'n lletya yn Rhos-y-Coed o nos Sul tan nos Wener, er mwyn bod o fewn cyrraedd hwylus i'r bws ysgol am wyth bob bore.

Dau beth yn yr hen gwpwl yma ddylanwadodd arna i: diwylliant Taid a duwioldeb Nain. Dyn 'trwm', fel y bydden nhw'n dweud, oedd fy nhaid. Roedd o'n ddarllenwr enfawr, ac un pared yn ei dŷ wedi'i orchuddio gan lyfrau—llyfrau Cymraeg bob un, wrth gwrs. Ond roedd Taid yn ddall am y pymtheng mlynedd olaf o'i oes; felly rydw i'n ei gofio. Ac mi fyddwn i'n gorfod darllen iddo.

Pan fyddwn i'n darllen cofiant rhyw hen bregethwr ac yn dod at farwolaeth ac angladd y 'gwrthrych', mi fyddwn i'n darllen yr hanes trymaidd mor siriol ag y medrwn i, i ysgafnhau'r hanes i mi fy hun, a rhag i Taid grio—er na fyddai byth yn gwneud. 'Aros!' meddai Taid, â'i law i fyny. 'Darllen hwnna eto. A darllen o'n *iawn*.' Ac mi fyddwn i'n gorfod ailddarllen y darn mewn tôn angladdol briodol. Ond fe fu darllen i Taid yn ymarfer ardderchog i mi mewn dysgu geiriau anodd a darllen yn glir a synhwyrol. Ac fe roddodd imi ymdeimlad ag iaith.

Doedd Nain ddim yn siaradus fel Taid. Ond pan ddywedai hi rywbeth, roedd pawb yn gwrando. Roedd hi'n drwm iawn ei chlyw, ac fe fyddai'n darllen llawer—y Beibl a'r llyfr emynau, fel arfer; fawr ddim byd arall. Roedd hi wedi darllen ei Beibl drwyddo seithwaith o glawr i glawr, a rhannau ohono, wrth gwrs, laweroedd o weithiau. Ffwndamentalydd o'r hen deip oedd Nain: pob gair o'r Beibl yn wir, a phopeth yn digwydd yn ôl 'y Drefn'. Mi rois i gryn fraw iddi un diwrnod, wedi imi glywed yn yr ysgol bod Dyn wedi disgyn o'r mwnci. Ac eto, fe allai gymryd ambell sioc fel'na'n rhyfedd o dawel. Fe wyddai mai ifanc oeddwn i, ac y byddwn i'n siŵr o glywed llawer o bethau rhyfedd ar fy nhaith trwy fywyd. Ac roedd ganddi ffydd y down i'n iach ac yn sownd drwy'r cwbwl. Fe weddïodd lawer drosta i; rwy'n siŵr o hynny. Ac rwy'n credu bod rhai o'i gweddïau hi, o leia, wedi'u hateb.

Ond y dylanwad pennaf arna i, a'r mwya parhaol, oedd y cartre a'm rhieni, yn enwedig Mam. Roeddwn i'n llawer agosach ati hi nag at 'nhad. Un peth etifeddais i gan Mam: y gallu i 'ngorfodi fy hun i wneud gwaith cwbwl ddiflas, a dal ati am ddyddiau bwygilydd, heb gael dim pleser ohono ond y boddhad o deimlo'n ferthyr. A'r rhyddhad, wrth gwrs, ar ôl gorffen.

Gweithreg galed fel yna, gwbwl ddiarbed ohoni'i hun, oedd Mam. Ond rwy'n dal i gredu 'i bod hi'n ddynes arbennig iawn. Roedd hi'n alluog. Fe allai fod wedi cael gradd ddosbarth cynta mewn prifysgol petai wedi cael y cyfle. Fe helpodd lawer arna i efo 'ngwaith cartre. Roedd hi wedi darllen llawer pan oedd hi'n ifanc. Pan fyddwn i'n sgrifennu traethawd Saesneg, doedd dim angen imi droi i eiriadur. Os gofynnwn i i Mam beth oedd ystyr rhyw air newydd, neu sut i'w sillafu, roedd hi'n gwybod bron bob tro. Diolch iddi hi, mi ddes innau'n bencampwr mewn *Spelling B*, fel y gelwid y peth, yn yr ysgol.

Mi fydda i'n sôn eto am fy rhieni. Fy nghartre, a 'nghynefin, oedd y dylanwadau cynta arna i, a'r mwya parhaol. Y fro ym mynyddoedd y Berwyn. Bro enedigol y bardd Ceiriog a ganodd, 'Mab y mynydd ydwyf innau . . .' Mi wn i'n iawn sut roedd fy nghymydog awengar yn teimlo.

2

Mewn sawl hunangofiant rydw i wedi'i ddarllen mae'r awdur yn dweud mai cyfnod hapusa'i fywyd oedd ei ddyddiau ysgol. Rwy'n ofni mai gwahanol iawn oedd fy mhrofiad i.

Gan ein bod ni rŵan yn byw ar y ffarm, Aberwheel, yr ysgol agosa oedd ysgol fach Nantyr, er bod dros filltir a hanner o ffordd ati hithau, trwy goed a thros gaeau ac ar hyd ffordd nad oedd dim tarmac arni y pryd hwnnw.

Roedd ysgol Nantyr tua deunaw oed pan ddechreuais i ynddi, wedi'i chodi ychydig cyn y Rhyfel Byd Cynta, ac yn adeilad o flaen ei oes yn y cyfnod hwnnw. Nodwedd fwya modern yr ysgol oedd y ddau bartisiwn gwydr mawr ar hyd y ffrynt, dau bartisiwn y gellid eu gwthio'n agored ar ddiwrnod poeth nes bod y ddwy stafell ddosbarth i bob pwrpas yn yr awyr agored.

Fe gafwyd trafferth enbyd i 'nghael i i fynd i'r ysgol. Os byddai Mam yn mynd â fi yn y bore, mi fyddwn i'n aros yn nrws yr ysgol nes iddi fynd o'r golwg rownd y drofa ar ben Allt Ty'n Celyn, ac wedyn yn cychwyn adre. Erbyn i Mam gyrraedd adre, roeddwn i yno o'i blaen hi. Os byddai rhywun arall yn mynd â fi, yr un fyddai'r stori bob tro. Fe barhaodd y frwydr am wythnosau.

Un diwrnod fe roddodd 'nhad gynnig ar abraw go eithafol. Roedd gen i oen llywaeth—oen swci—o'r enw Morgan. Roeddwn i'n meddwl y byd o Morgan. Un noson dyma 'nhad yn dweud, 'Os nad arhosi di yn ysgol fory, mi fydda i'n saethu Morgan.' Ond bore drannoeth, fel arfer, roeddwn i'n ôl o'r ysgol cyn pen awr. Wel, os bygwth, gweithredu. Dyma fy nghloi yn y cwt glo wrth ochr y tŷ. Toc, mi glywn ergyd gwn. Ac un arall. Pan ges i 'ngollwng allan o'r t'wllwch i olau dydd, doedd dim golwg o Morgan yn unman. Dydw i ddim yn beio 'nhad o gwbwl. Fe all rhieni gyrraedd pen eu tennyn weithiau. At hynny, roedd fy rhieni'n torri'r gyfraith am fod eu plentyn yn colli'r ysgol. Ond fe ddaeth Morgan yn ôl. Allai 'nhad ddim saethu *oen*, heb sôn am f'oen llywaeth i.

Sut bynnag, wnaeth arbraw'r saethu ddim gweithio. Roeddwn i'n dal i ddianc adre o'r ysgol. 'Nhad setlodd y broblem yn y diwedd, fodd bynnag. Fo aeth â fi i'r ysgol un bore. Wedi imi'i weld yn mynd o'r golwg rownd y tro, dyma fi'n cychwyn adre fel arfer. Roeddwn i wedi cyrraedd darn syth o'r ffordd: Cloddiau Bedw. Yn sydyn, dyma rywbeth mawr yn neidio dros y clawdd i ganol y ffordd o 'mlaen i, â'i freichiau ar led, dan weiddi, 'Wyt ti'n *mynd*?' A mynd wnes i, nerth fy nhraed. 'Nhad oedd y bwgan, wrth gwrs. Ond roeddwn i wedi dychryn cymaint, wnes i ddim mentro dianc o'r ysgol wedyn.

Dim ond un athrawes ges i yn ysgol Nantyr: yr un athrawes am chwe blynedd. Doedd dim mwy na phymtheg o blant yno pan ddechreuais i. Merch alluog oedd Miss Owen, ond roedd arna i 'i hofn hi. Roedd rhaid iddi reoli trwy ofn—a'r gansen weithiau; roedd plant yn aros yn yr ysgol gynradd y pryd hwnnw nes oedden nhw'n bedair ar ddeg.

Ond mi fûm i'n anffodus. Fe ddewisodd Miss Owen fi i sefyll y 'sgolarship' i Ysgol Llangollen. Pan oeddwn i tuag wyth oed fe ddechreuodd roi gwaith cartre imi. 'Syms' yn benna—*problems*—y pethau roeddwn i'n eu casáu uwchlaw pob dim. Fe aeth y baich gwaith mor drwm, fe ddechreuodd amharu ar fy nerfau i: hunllefau yn y nos, methu cysgu, ambell obsesiwn poenus. Fwy nag unwaith fe anfonodd Mam nodyn at Miss Owen yn crefu arni i leihau'r gwaith cartre. Y baich yn lleihau am noson neu ddwy, ond yn aildyfu wedyn i'r un faint ag o'r blaen.

Canlyniad y cramio didostur hwn oedd imi ddod ar ben y rhestr yn y sgolarship, allan o ddeunaw o ysgolion. Boddhad aruthrol i Miss Owen, wrth gwrs, ac i 'nheulu i. Ond i mi, trychineb. Achos roedd 'na ddisgwyl awchus amdana i yn Ysgol Sir Llangollen, yr athrawon yn edrych ymlaen at gael *Oxford material* yn eu dwylo. Siom gawson nhw, a dial arna i am y siom.

Os oeddwn i'n anhapus yn ysgol Nantyr, gwaeth yn ysgol Llangollen. Ysgol gwbwl Saesneg, a'r mwyafrif llethol o'r disgyblion yn ddi-Gymraeg. Yn y stafelloedd dosbarth mawr, roeddwn i'n cael anhawster dybryd i glywed, ac i ddeall, Saesneg rhai o'r athrawon, a'r rheini'n sefyll ymhell o'n blaenau ni, wrth y bwrdd du. At hynny, am y ddwy flynedd gynta, roeddwn i'n drwm fy nghlyw, nes imi gael tynnu'r *adenoids* yn ysbyty Caer. Roedd fy mrawd a finnau'n cael pob clwy a haint y gallai plant eu cael y pryd hwnnw, ac mi gollais i lawer o ysgol trwy salwch.

Yn Llangollen, yn fwy hyd yn oed nag yn Nantyr, roedd pob bwli'n fy synhwyro i o bell. Roeddwn i'n gwisgo sbectol—peth anarferol i fachgen yr adeg honno—ac roedd golwg ddiniwed arna i, yn fy ngwneud i'n darged parod i'r mawr a'r cryf a'r cïaidd. Yr addysg wedyn. Ar ddiwedd y flwyddyn gynta roedd rhaid dewis rhwng Cymraeg, fy iaith i fy hun, a Ffrangeg. Dydw i byth wedi maddau hynny. Doedd fy hoff bynciau—arlunio, cerddoriaeth ac ysgrythur—ddim yn bynciau arholiad. Tipyn o ganu ar brynhawn Gwener; ambell wers Ysgrythur pan ellid cael athro neu athrawes i'w chymryd hi. Ac ar ddiwedd fy mlwyddyn gynta fe adawodd Miss Hall, yr athrawes Arlunio —fe adawodd yr ysgol i briodi. A ddaeth neb yn ei lle hi. Roedd awdurdodau addysg yn ceisio arbed arian y pryd hwnnw hefyd.

Yr unig wersi oedd wrth fy modd i oedd y gwersi Cymraeg. Roeddwn i'n cael fy ngwawdio, wrth gwrs, am fod yn *teacher's pet* i'r athro, Hughes Roberts o Fôn. Ond roeddwn i'n gallu diodde hynny. Roedd amryw o'r athrawon eraill yn Saeson, ac ambell un yn ddigon clên. Ond roedd dau ohonyn nhw'n agored wrth-Gymreig. Yn enwedig yr athro Hanes, yr athro galluocaf a disgleiriaf ohonyn nhw i gyd. I hwnnw doedd gan Gymru ddim hanes. Felly doedd Cymru ddim yn bod. *A figment of the imagination*, dyna i gyd. Fe gafodd yr athrawon gwrth-Gymreig yma ddylanwad mawr arna i. Fe wnaethon fi'n genedlaetholwr Cymreig.

Ond doedd cyfnod Llangollen ddim yn ddrwg i gyd chwaith. Oni bai imi fynd yno fyddwn i ddim wedi lletya ar hyd yr wythnos efo 'nhaid a nain, a dysgu cymaint ganddyn nhw. Fyddwn i ddim wedi dod i werthfawrogi cymaint ar fy nghartre a bywyd adfywiol cefn gwlad. Fyddwn i ddim wedi cyfarfod â 'nghyfaill Bryn Lloyd Jones o Langwm, a ddaeth yn brif fachgen yr ysgol, yr unig un oedd yn gwneud Cymraeg efo fi yn y chweched dosbarth. A . . . wel, do, fe wellhaodd pethau yn y chweched dosbarth. Mi ddechreuais i fagu tipyn o hunanhyder o'r diwedd, a chael ambell sgwrs gyfeillgar â'r Prifathro, Gareth Crwys Williams, mab y Prifardd Crwys—yn Gymraeg bob amser.

Rydw i'n swnio'n anniolchgar iawn, mi wn. Ond er gwaetha'r blynyddoedd anhapus, rydw i *yn* gwerthfawrogi 'mod i wedi cael chwe blynedd mewn ysgol fach yn y wlad cyn iddi gau, pan oedd y plant i gyd yn Gymry Cymraeg, a 'mod i wedi cael chwe blynedd wedyn o addysg uwchradd—peth nad oedd llawer o Gymry galluog yn ei gael yn y cyfnod hwnnw. Ysgol Llangollen hefyd a agorodd y drws i mi i'r coleg, Coleg Bangor. Yno, 'a'r maglau wedi'u torri, a'm traed yn gwbwl rydd', y treuliais i rai o flynyddoedd hapusa 'mywyd.

3

Yn y capel bach gartre fe fyddai deg neu ddeuddeg ohonon ni blant yn dweud adnod ar nos Sul. Roedd fy mrawd a finnau'n cael ein dysgu i ddweud ein hadnod nid yn unig yn gywir ond yn glir ac yn uchel, fel y byddai pawb yn ein clywed ni yn 'sêt y pechaduriaid' yn y cefn. Ac ar eu ffordd allan fe fyddai'r oedolion yn dweud, yn ddigon uchel i mi glywed, gan edrych i lawr arna i, 'Pregethwr fydd hwn, w'chi.'

Ac fel yna rywsut, er pan oeddwn i'n ifanc iawn, y ces i 'nghyflyru i gredu mai pregethwr oeddwn i i fod, nad oedd dim dyfodol arall yn bosibl imi. Roedd popeth fel petai'n fy ngwthio i'n anochel tua'r Weinidogaeth. Roedd gen i ewyrth yn weinidog. Roedd cefnder imi'n weinidog. Ac yn ddiweddarach fe aeth cefnder arall imi i'r India'n genhadwr. A gweinidog oeddwn innau i fod. Roedd hynny wedi'i benderfynu gan y tylwyth; mi fedrwn synhwyro'r peth. Ddwedodd 'nhad erioed mo hynny wrtha i'n agored, ond roedd o wedi trefnu dyfodol fy mrawd a finnau. Roeddwn *i* i fod yn weinidog; roedd Bryn i aros gartre i ffarmio.

O bryd i'w gilydd fe ddôi awydd cryf arna i i wneud rhywbeth arall. Roeddwn i wrth fy modd, yn blentyn, yn tynnu llun. A 'mreuddwyd mawr i am gyfnod oedd mynd yn arlunydd. Un diwrnod, yn ystod f'wythnosau cynta yn Ysgol Llangollen, mi welais yr hen brifathro, Huw Jones—fu farw ar ddiwedd fy mlwyddyn gynta i—yn siarad â'r athro Cymraeg ac un neu ddau o lywodraethwyr yr ysgol. A dyna fo'n galw arna i, yn Gymraeg.

'Dowch yma.'

Finnau'n mynd.

'Be 'dach chi am fod ar ôl gadal yr ysgol? Pregethwr fel ych ewyrth, dw i'n siŵr.'

'Nage, syr,' meddwn i. 'Cartŵnist.'

Chwerthin mawr.

Rhyw ymateb fel'na bob tro. Yn y pumed dosbarth, fe ddaeth awydd mawr iawn arna i i sgrifennu, a mynd i weithio ar bapur newydd. Roedd yr athro Daearyddiaeth wedi'i benodi'n Athro Gyrfaoedd rhan-amser, dros dro, heb fawr ddim ddiddordeb ganddo yn y gwaith. Un p'nawn fe'n galwodd ni ato fesul un.

'What do you intend to do for a living?' meddai wrtha i.

'A journalist, sir.'

'Journalist work,' meddai'n sychlyd, gan sgrifennu'r geiriau yn ei lyfr. 'Right, go back to your desk. Next, please.'

Doedd gan neb ddiddordeb yn y llwybr yna chwaith.

Felly, rhyw ildio i 'nhynged wnes i, am wn i. Cael fy ngwthio i'r weinidogaeth yn hytrach na chael fy arwain. Doeddwn i ddim yn casáu mynd i'r capel; ddim o gwbwl. Roeddwn i'n mwynhau'r oedfa, a'r seiat ar nos Fawrth, ac yn arbennig yr ysgol Sul a'r cyfarfod canu. Ac am yr holl arholiadau—arholiad llafar ac arholiad ysgrifenedig bob chwarter a'r Arholiad Sirol bob blwyddyn—doedd y rheini ddim yn faich trwm iawn arna i. Yn wir, fe fuon nhw o fudd mawr i mi. Ond roedd treialon llawer mwy i ddod.

Roedd rhaid i fechgyn fel fi gael ein derbyn yn 'Ymgeiswyr am y Weinidogaeth'—gan ein heglwys ein hunain, gan y Dosbarth, a chan yr Henaduriaeth. Wedyn sefyll arholiad y Bwrdd Ymgeiswyr. Am fisoedd mi fues i'n mynd at fy ngweinidog un noson bob wythnos i gael gwersi manwl ar y Beibl i gyd, o Genesis i'r Datguddiad. Yn yr arholiad yr haf dilynol, papur tair awr y bore ar yr Hen Destament, a phapur teirawr y p'nawn ar y Testament Newydd. A hynny'n syth ar ôl arholiadau Lefel A—neu'r Dystysgrif Uwch fel roedd hi y pryd hwnnw—yn yr ysgol. Pedwar pwnc y flwyddyn honno: Saesneg, Cymraeg, Hanes a Lladin. Wedi'r holl arholiadau doedd gen i ddim owns o egni ar ôl—i ddim.

Ond roedd rhaid mynd o flaen y Bwrdd Ymgeiswyr. Roedd wyth ohonon ni o flaen y Bwrdd yng Nghaer yr un diwrnod, y saith arall yn gwbl ddiarth i mi ar y pryd. Archwiliad meddygol i ddechrau, yna wynebu llond ystafell o weinidogion a blaenoriaid i gael ein croesholi a'n cynghori. Profiad brawychus i lanc sensitif, ac ambell hen weinidog yn trio bod yn glyfar ar draul yr ymgeisydd druan. Ar ôl mynd adre mi wnes gartŵn mawr o'r cyfarfod poenus, a phrintio dano, 'Y Bwrdd Ymgeiswyr—Llys Barn y Cyfundeb'. Mi ffeindiodd Mam ffrâm i'r cartŵn a'i hongian ar y pared. Be ddigwyddodd iddo wedyn, wn i ddim.

Wedi'r syrffed ar astudio ac arholiadau, wnes i ddim gweithio'n galed iawn yn y coleg, a dweud y lleia. Fûm i ddim yn fachgen drwg, am wn i, ond roeddwn i'n ddigon pell o gartre ac o afael athrawon ysgol i deimlo'n rhydd ac i fwynhau fy hun i'r eitha.

Pum mlynedd ym Mangor, dwy yn y Coleg Diwinyddol yn Aberystwyth, ac un yn hen Goleg y Bala. Roedd wyth mlynedd yn rhy hir i baratoi at y weinidogaeth. Roedd bywyd coleg a chwmni'r criw cyfeillion yn mynd yn felysach o flwyddyn i flwyddyn; mi fyddwn yn siŵr o deimlo'r unigrwydd ar ôl y gwahanu mawr. Ac felly buodd hi.

Mi es yn weinidog ifanc i Lanfair Caereinion ym Maldwyn. Priodi Eirlys a dechrau ar ddau fywyd—bywyd priodasol a bywyd gweinidog —yr un pryd. Pobol eithriadol garedig, a phobol ifanc annwyl yr oedd yn bleser gweithio efo nhw. Ond doedd y rhan fwya o'r gwaith ddim wrth fy modd i. Roedd y cyflog yn fychan iawn a ninnau'n dlawd, ond mi allwn ddygymod â hynny petawn i'n cael boddhad yn fy ngwaith. Mi symudais i Niwbwrch ym Môn, i weld fyddai pethau'n well. Ond doedden nhw ddim. Yno eto mi gychwynnais Gyfarfod Pobol Ifanc. Un o'r aelodau hoffus oedd Jane Edwards, y nofelydd erbyn hyn. Roeddwn i wrth fy modd efo'r rhain eto. Ond y flwyddyn wedyn roedden nhw wedi mynd i ffwrdd—i'r colegau neu i weithio, ac un i'r fyddin. A doedd dim digon o bobol ifanc i gymryd eu lle nhw. Un fendith fawr ges i yn Niwbwrch oedd cwmni ysgolfeistr y pentre: yr adroddwr a'r

actor enwog, W. H. Roberts. Ond yno eto roeddwn i'n teimlo'n
fethiant truenus fel gweinidog. Allwn i ddim ffitio i'r patrwm
traddodiadol, a doeddwn i ddim yn ddigon cryf i orfodi 'mhatrwm fy
hun ar y gwaith. Fe aeth yr ymdeimlad o fethiant yn afiechyd, ac fe fu
raid imi adael y fugeiliaeth.

O hynny ymlaen mi ges i yrfa ddifyr o amrywiol. Chwe blynedd a
hanner hapus ym Mangor, yn ffri-lansio—neu'n 'hunanliwtio', fel mae
rhai'n galw'r peth. Sgrifennu: nofelau er mwyn pleser, a sgriptiau
radio—a theledu'n ddiweddarach—i gael arian at fyw. Gwneud nifer o
bethau eraill hefyd. A darlledu. Ar wahoddiad—neu'n hytrach, ar
orchymyn—y Dr Sam Jones, mi fûm i'n gynhyrchydd gwadd i'r BBC am
dri chyfnod byr. Y cynhyrchu yn y stiwdio wrth fy modd i, ond y gwaith
swyddfa'n fwrn. Fyddwn i ddim wedi bod yn hapus yn gynhyrchydd
radio chwaith. Roeddwn i'n gweithio'n galed, am oriau hir bob dydd.
Ond yn cael cymaint o foddhad yn fy ngwaith fel nad oeddwn i ddim yn
ei deimlo'n galed mewn modd yn y byd.

Ond roedd perthnasau a chydnabod yn dylanwadu. Ymyrryd, yn
hytrach; busnesa. Fy ngwraig druan oedd yn gorfod gwrando. 'Piti na
fasa job gan Islwyn.' 'Sut ar y ddaear 'dach chi'n byw, a'ch gŵr ddim yn
ennill cyflog?' Roedd awdur amser llawn yn greadur mor arswydus o
newydd yng Nghymru fel na allai pobol ddim deall sut y galle fo wneud
bywoliaeth. Er mwyn tawelu'r busneswyr dyma fi'n ymgeisio am
swydd darlithydd yng Ngholeg y Drindod yng Nghaerfyrddin, yn
Adran Gymraeg Miss Norah Isaac. Yno eto gwneud ffrindiau mynwesol,
gan gynnwys fy nghyd-weithwyr Ifan Dalis-Davies a John Rowlands—
nofelydd arall. Tair blynedd wedyn yn gweithio i'r Cyngor Llyfrau
Cymraeg. Ac yna pum mlynedd yn Wrecsam yn 'hunanliwtio' eto; nid
mor llwyddiannus o lawer y tro yma.

Roeddwn i rŵan yn hanner cant oed. Doeddwn i ddim yn cael hwyl
ar sgrifennu. A doedd yr arian ddim yn dod fel y dylai. Roedd angen
newid cyfeiriad eto. Mi fûm i'n ddigon ffodus i gael swydd darlithydd
yn Adran y Gymraeg yng Ngholeg Prifysgol Dewi Sant yn Llanbedr
Pont Steffan, dan un o'n prif ysgolheigion, yr Athro D. Simon Evans.

Roedd y gwaith yn galed iawn yn y blynyddoedd cynta. Doeddwn i
ddim mor ifanc rŵan, ac roedd yr egni'n prinhau. Ond roedd y bywyd
academaidd yn ddiddorol, a'r gwaith yn her. Ac yng Ngholeg Llambed

y bûm i, yn ddigon diddig, am bymtheng mlynedd, nes imi ymddeol dro'n ôl—a chael amser i sgrifennu unwaith eto.

Ar un olwg, felly, methu wnaeth y dylanwadau cynnar. Chafodd y tylwyth, na 'nhad, na'r Hen Gorff, mo'u ffordd eu hunain gyda 'mywyd i. Ond nid y bywyd capelyddol a'r uchelgais weinidogaethol oedd yr unig ddylanwad cynnar arna i. Roedd 'na ddylanwadau eraill, rhai diwylliannol—cerddorol a llenyddol. Wnaeth y rheini ddim methu. Yn hytrach, nhw sy wedi cyfeirio 'mywyd i hyd heddiw.

4

Ar bared y gegin ym mwthyn Taid a Nain roedd dau ddarlun mawr, un bob ochor i'r ffenest. Darlun o Taid ei hunan oedd un, a darlun o dad fy nain, os ydw i'n cofio'n iawn, oedd y llall. Nid ffotograffau mo'nyn nhw, ond lluniau *crayon*. Roedden nhw mor fanwl gysact â ffotograff, ond yn fwy byw rywsut. A brodyr i Nain oedd yr arlunwyr.

Roedd y ddawn gan dri o'i brodyr hi. Fe fu Ewyrth John mewn ysgol gelf yng Nghroesoswallt, ac fe agorodd siop ffotograffydd wedyn yn y pentre. Ond fe fu farw o'r diciáu yn ddeg ar hugain oed. Un arall oedd Ewyrth Dafydd, na chafodd o ddim hyfforddiant yn y grefft, ac a foddodd yn Llyn Tegid pan oedd o'n fyfyriwr diwinyddol yng Ngholeg y Bala. Ewyrth Harri oedd yr unig un gafodd fyw i oedran teg. Rydw i'n cofio Ewyrth Harri. Roedd y lleill wedi marw ymhell cyn fy ngeni i.

Fe neidiodd y ddawn yma genhedlaeth gyfan. Doedd hi ddim gan fy nhad, yn sicr, na chan yr un o'i frodyr a'i chwiorydd, hyd y gwn i. Ond fe ymddangosodd drachefn yn fy nghenhedlaeth i. Fe laniodd ar un neu ddwy o 'nghyfnitherod, ac arna innau. Mi ddwedais o'r blaen fod gen i uchelgais unwaith i fynd yn arlunydd, ond fe roed y caead ar y breuddwyd melys hwnnw.

Sut bynnag, pan oeddwn i'n blentyn ac yn llanc, mi lenwais i ddegau o lyfrau-copi â lluniau pensil o bob math, a chael gwobr mewn ambell eisteddfod fach leol. Pan oeddwn i'n 'hunanliwtio' ym Mangor mi ddechreuais gyboli efo olew ar gynfas. Ond heb hyfforddiant technegol allwn i ddim mynd ymhell iawn.

Ychydig iawn o beintio wnes i ar ôl gadael Bangor. Gan nad oedd gen i stafell sbâr i adael yr holl stwff tan drannoeth, roedd rhaid rhoi llun i gadw ar ei hanner, glanhau'r brwsys a'r palet, a chadw popeth yn daclus. Roedd y taclusrwydd gorfod yn lladd y mwynhad i mi.

Os oedd darluniau'r tri hen ewyrth yn ddylanwad arna i, dylanwad mwy hydreiddiol oedd difyrrwch cerddorol y teulu. Roedd bron bawb yn ein teulu ni—ar ochor 'nhad, o leia—yn canu, ac ambell un yn medru canu'r 'offeryn', fel y gelwid yr harmoniwm yn y capel. Doedd neb ohonyn nhw'n unawdydd, er i 'mrawd gael hyfforddiant llais a chystadlu mewn eisteddfodau ar un adeg. Canu mewn pedwarawd neu wythawd neu gôr oedd yr hwyl.

Roeddwn i'n medru darllen sol-ffa cyn bod yn wyth oed. F'athrawes i oedd Anti Olwen, chwaer ienga 'nhad, oedd yn cadw tŷ i Taid a Nain. Gan fod Bryn fy mrawd a finnau'n cael cinio a the yn Rhos-y-Coed bob Sul, fe achubodd hi ar y cyfle i ddysgu sol-ffa inni. Ac athrawes ardderchog oedd hi.

Pan oedden ni 'chydig yn hŷn fe gawson ni wersi ar y modiwletor yn y *Band of Hope.* Yn dilyn hynny fe ddaeth rhyw gerddor i arholi'r dosbarth yn y sol-ffa. I Anti Olwen mae'r diolch 'mod i wedi cael tair tystysgrif y noson honno: y *Junior,* yr *Elementary* a'r *Intermediate.*

Ond fe fu'r sol-ffa yn dipyn o rwystr imi hefyd. Roeddwn i tua phymtheg oed pan ges i chwarter o wersi piano gan Edward Roberts y Postman. Cerddor medrus iawn. Ond roedd y sol-ffa wedi'i blannu mor ddwfn yn fy meddwl i, fedrwn i yn fy myw ddysgu'r Hen Nodiant —y 'traed brain', fel y byddwn i'n ei alw.

Rhwystr arall oedd 'mod i wedi dod i ganu'r harmoniwm gartre wrth y glust. Roeddwn i wedi 'mendithio â chlust go dda i nodau a chordiau a chywair ac yn medru chware pethau gweddol syml heb edrych ar bapur. Fedrwn i ddim dilyn llinell o fiwsig ar gopi. Fe wnaeth Edward Roberts ei orau, ond pharhaodd y gwersi piano ddim yn hir.

Er imi roi'r gorau i beintio gryn ddeng mlynedd ar hugain yn ôl, fe barhaodd celfyddyd yn ddiddordeb byw i mi. Rydw i wedi casglu pentwr go dda bellach o lyfrau a chylchgronau ar y paentwyr mawr o Giotto i'r Moderniaid. Felly hefyd, er mai medr amatur hollol sy gen i mewn cerddoriaeth, fe fu miwsig yn fwyd a diod i mi drwy'r blynyddoedd. Cerddoriaeth glasurol yn benna erbyn hyn, ond cerddoriaeth ysgafn hefyd. Ar yr hen radio gartre yn y blynyddoedd cyn y rhyfel fe gymerodd caneuon 'pop' Eingl-Americanaidd—o'r 'Isle of Capri' i 'Down Mexico Way'—afael tynn yno i. A'r caneuon rhyfel yn ddiweddarach. A finnau'n dechrau gofyn, 'Pam nad oes gennon ni ganeuon Cymraeg fel y rhain? Geiriau Cymraeg nid ar alawon Seisnig, ond ar alawon newydd gwreiddiol.' Ac mi ddechreuais wneud rhai fy hun. Rhyw hanner dwsin ohonyn nhw, mae'n siŵr, cyn gadael yr ysgol.

Ym Mangor wedi hynny, roedd tri neu bedwar ohonon ni fyfyrwyr yn sgrifennu caneuon i'r Dr Sam Jones ar gyfer y 'Noson Lawen'. Y mwya dawnus a'r mwya cynhyrchiol ohonon ni oedd Meredydd Evans. Ond wedyn fe gafodd Ifan O. Williams afael yno' i, ac mae'n siŵr imi wneud rhwng dau a thri chant o ganeuon ffwrdd-â-hi iddo fo ar gyfer y radio. Caneuon undydd unnos. Unwaith yn unig y clywid nhw. Doedd yr un cwmni'n fodlon recordio caneuon pop Cymraeg y pryd hwnnw.

Rydw i am adael y dylanwadau llenyddol tan ddiwedd y gyfres 'ma. Ond mae'n rhaid i mi grybwyll un diddordeb arall, sef gwleidydda. Rwy'n cofio darllen llyfr bach clawr papur pan oeddwn i'n bedair ar ddeg neu'n bymtheg oed: hen lyfr ar Owain Glyndŵr. Fe fu'r llyfr bach hwnnw'n dröedigaeth i mi. O hynny allan roeddwn i'n edrych ar bopeth trwy lygaid cenedlaetholwr Cymreig. Yn ddiweddarach fe ddaeth y diddordeb mewn sosialaeth. Darllen amryw lyfrau ar yr athroniaeth honno yn ei holl agweddau. A ffeindio 'mod i'n sosialydd hefyd.

Ond y dylanwad penna oedd *Y Faner*. Fe fyddai hi'n dod i dŷ 'nhaid a Nain bob dydd Mercher: fy nhaid wedi'i derbyn yn ddi-fwlch ers dyddiau Thomas Gee. Fe ddechreuodd 'nhad ac Anti Olwen boeni bod *Y Faner* yn dylanwadu gormod arna i, yn fy ngwneud i'n genedlaetholwr bach penboeth. Fe fygythiwyd diddymu'r archeb amdani yn y siop. Ond dal i ddod wnaeth hi, gan roi dôs danbaid o genedlaetholdeb Cymreig i mi bob nos Fercher ar ôl dod o'r ysgol.

Yn ystod fy wythnos gynta yng Ngholeg Bangor roedd fy nghyfaill J. R. Owen a finnau'n cerdded i fyny Allt Glan'rafon. Pwy oedd yn dod i lawr yr Allt ond Meredydd Evans. Fo oedd ysgrifennydd cangen y coleg o Blaid Cymru y flwyddyn honno. 'Wel, hogia?' meddai Merêd. 'Be am ymuno â'r Blaid?' Dyna gychwyn f'aelodaeth i o Blaid Cymru sy wedi para am hanner can mlynedd.

Mi sefais i'n ymgeisydd seneddol drosti ddwywaith yn etholaeth Maldwyn: yn is-etholiad 1962 ac wedyn yn etholiad cyffredinol 1964. Ar waelod y pôl yr oeddwn i y ddeudro. Ond mi ddysgais un peth pwysig amdanaf fy hun. Un peth oedd diddordeb brwd yn yr achos a gweithio drosto yn y cefndir. Peth gwahanol iawn oedd bod yn ymgeisydd seneddol, yn ceisio 'ngwerthu fy hun fel y dyn gorau i'r etholaeth, ac yn gocyn hitio i ddicter tair plaid arall. Doeddwn i ddim yn ddigon hoff o'r golau llachar i brofiad fel yna.

Ond mi ges i 'ngwobr ym 1966 yn Nghaerfyrddin, lle'r oeddwn i'n byw erbyn hynny. Roeddwn i'n ysgrifennydd y Wasg ac yn swyddog cyhoeddusrwydd i Gwynfor Evans yn yr is-etholiad hanesyddol hwnnw, a buddugoliaeth Gwynfor oedd un o ddyddiau mawr fy mywyd i.

Fe sgrifennodd David Llewellyn, fu'n Weinidog Materion Cymreig flynyddoedd yn ôl, 'It is difficult to be a loyal party man and a good writer'. Rwy'n cytuno. Mae 'nghred i mewn rhyddid i 'nghenedl a 'nghefnogaeth i i'r Blaid cyn gryfed ag erioed, ac yn ddyfnach erbyn hyn. Ond weithiau mae'n rhaid i berson creadigol ddewis rhwng gweithgarwch gwleidyddol ac ymroddiad i'w gelfyddyd. Ni ellir gwasanaethu dau arglwydd—mewn unrhyw faes—yn llwyddiannus.

5

Fel arlunio a cherddoriaeth—werinol, bid siŵr—roedd llenydda hefyd yn weithgarwch derbyniol yn nheulu 'nhad. Fe fyddai Nain yn cyfansoddi penillion duwiol, ac yn sgrifennu ambell erthygl fach i *Trysorfa'r Plant*. Roedd y teulu'n ystyried ei chwaer, Modryb Hannah, yn well bardd. Roedd hi'n sicr yn fwy cynhyrchiol.

Ond yr unig un ddaeth yn adnabyddus oedd William, brawd i Nain, a gymerodd yr enw barddol 'Gwilym Berwyn'. Fe ddysgodd o Saesneg gyda help geiriadur, a dod i ddarllen Shakespeare a Keats. Fe aeth i Lundain i hel ei damaid, ond nychu wnaeth o yno, nychu o eisiau bwyd a hiraeth, ac fe ddaeth adre i farw o'r diciáu. Yn un o rifynnau'r *Cymru* coch am fil naw dim dau fe gyhoeddodd O. M. Edwards lun ohono a llond tri thudalen o'i gerddi: englynion yn benna.

Ond cyn medru sgrifennu'n dda mae'n rhaid cael iaith. A dyna'r trysor penna ges i gan 'nhad. Roedd 'nhad yn ymhyfrydu mewn siarad Cymraeg cyhyrog, croyw, yn enwedig pan fyddai ar ei draed yn y capel neu'n ymgomio ag un o'r cymdogion. Roedd o wedi bod yn adrodd llawer pan oedd o'n llanc, ac un ddefod ar ôl cinio Nadolig bob blwyddyn oedd gwrando arno fo'n mynd dros yr hen adroddiadau: 'Dinistr Jeriwsalem', 'Ymson y Llofrudd', 'Y Groes Ddu', a phethau erchyll o'r fath.

Gan ei rieni uniaith, wrth gwrs, yr etifeddodd 'nhad ei Gymraeg llafar cyfoethog. Mi ges innau gryn lawer o'u cwmni nhw. Ond doedd eu lleisiau nhw ddim mor glir erbyn hynny, na'u hynganiad nhw mor groyw. Llais 'nhad, a'r geiriau a'r ymadroddion Cymraeg fydde fo'n eu defnyddio, fydda i'n eu clywed yn fy mhen rŵan. Ac mi fydda i'n eu clywed nhw'n amal, yn enwedig pan fydda i'n sgrifennu.

Mae gan Ddyffryn Ceiriog draddodiad llenyddol disglair, ond doeddwn i ddim yn sylweddoli hynny'n blentyn ysgol. Doedd cartre ein bardd 'cenedlaethol' ni, Ceiriog—Pen-y-bryn, Llanarmon—yn ddim ond pum milltir o 'nghartre i. Fe ddysgodd Miss Owen inni rai o gerddi poblogaidd Ceiriog yn ysgol Nantyr, ac mi enillais i fedal am adrodd 'Y Gwcw' yn Eisteddfod Canmlwyddiant Geni Ceiriog ym 1932. Ond fûm i ddim i weld Pen-y-bryn nes oeddwn i flynyddoedd yn hŷn.

Dim ond milltir a hanner o 'nghartre i oedd Pont-y-Meibion, cartre Huw Morys. Mi fyddwn i'n mynd heibio i Bont-y-Meibion o dro i dro, ac yn edrych ar gofgolofn yr hen fardd o'r ail ganrif ar bymtheg wrth basio. Roeddwn i wedi clywed enw Huw Morys, 'Eos Ceiriog', ond mi glywais fwy am y dyn ei hun gan 'nhad nag mewn unrhyw wers ysgol. 'Nhad hefyd ddywedodd wrtha i un tro pan oedden ni'n mynd trwy'r Pandy, 'Dacw'r Ddôl, wel'di, lle ganwyd y bardd Gwilym Ceiriog. Mi enillodd y gader yn Eisteddfod Genedlaethol Caerfyrddin.' Do, siŵr, ym 1911.

Ond chlywais i'r un gair am John Edwards, 'Siôn y Potie', nac am y ddau Siôn Ceiriog, na dim ond enw Cynddelw. Gwaeth fyth, dim gair am y llenor mawr Charles Edwards o Rydycroesau gyfagos, awdur *Y Ffydd Ddiffuant*. Ac roedd rhaid imi fynd i Fangor i'r coleg cyn clywed am y tro cynta 'rioed am Guto'r Glyn, a chlywed gan neb llai na'r Athro Ifor Williams mai brodor o 'Nglyn Ceiriog i oedd y cywyddwr mawr hwnnw. Nage, meddai Dr Enid Pierce Roberts yn ddiweddarach, Glyndyfrdwy oedd 'Glyn' Guto. O, wel, mae 'na siomedigaethau mewn bywyd. Ond roedd Glyndyfrdwy hefyd yn ddigon agos i'n cartre ni. Mi gerddais i yno dros y mynydd fwy nag unwaith.

Rhaid imi ddweud un peth yma o blaid Ysgol Llangollen. Yno fe'n cyflwynwyd ni, gan athro llenyddiaeth rhagorol, i Chaucer a Shakespeare,

Jane Austen a beirdd ac ysgrifwyr mawr y Saeson yn y ganrif ddiwetha. Roedd cwricwlwm Cymraeg y Dystysgrif Uwch yn fwy cyfyng, ond yn hwnnw roedd *Y Flodeugerdd Gymraeg* y dysgais i rai o'r cerddi ynddi ar fy nghof, a *Ffair Gaeaf* Kate Roberts, a stori Pwyll o'r *Mabinogi*, a honno mewn Cymraeg Canol. Colled fawr i ddisgyblion chweched dosbarth heddiw, yn fy marn i, ydi peidio â chael eu cyflwyno i Gymraeg Canol.

Yn y coleg, nid mewn darlithiau'n unig yr agorwyd y ffenestri i mi ar lenyddiaeth orau'r Gymraeg, ond gan gyfeillion newydd hefyd. Roedd J. R. Owen—y 'diweddar', mae'n drist iawn gen i ddweud—a Robin Williams, y bûm i'n cyd-letya â nhw yn rhif 10, Menai View, ac yn gyfeillion mynwesol wedyn am oes—roedden nhw wedi dysgu cerddi Robert Williams Parry a T. H. Parry-Williams yn nosbarth eu prifathro, William Rowlands, yn Ysgol Sir Porthmadog. Ac fe fydden nhw'n adrodd sonedau'r ddau nes fy ngwefreiddio i'n lân. A thrwyddyn nhw mi ddes innau hefyd i hanner-addoli'r ddau brifardd mawr. Fe fu un ohonyn nhw, Williams Parry, yn darlithio inni am flwyddyn ar 'Werthfawrogi Llenyddiaeth'. Doedd o ddim yn ddarlithydd mawr— ddim cymaint o lawer â'i gefnder, Thomas Parry—ond roedd cael bod mor agos at fardd awdl 'Yr Haf', a'r 'Llwynog', a 'Clychau'r Gog' a 'Cymru 1937', yn brofiad llesmeiriol.

Pan es i i'r coleg gynta, prydyddu'r oeddwn i'n benna—a hynny'n llifeiriol ac yn Fictoriaidd iawn. Doeddwn i ddim eto wedi darganfod pleserau rhyddiaith. Mae hynny'n f'atgoffa i. Pan welodd 'nhad fi gynta, yn faban go gysglyd, mi ddywedodd, medden nhw, 'Wel, waeth gen i be arall fydd o os bydd o'n fardd'. Bardd-bregethwr oedd o'n 'i feddwl, mae'n siŵr. Ddaeth ei freuddwyd o ddim yn wir, ond fe ddaeth yn bur agos ati, chware teg iddo.

Wrth geisio barddoni, roeddwn i wedi dod yn rhy drwm dan ddylanwad Islwyn a cherddi mwy moethus W. J. Gruffydd wrth ddarllen *Y Flodeugerdd Gymraeg*. Y Prifardd Dafydd Owen gywirodd hynny. Roedden ni'n gyd-fyfyrwyr, ac fe gymerodd Dafydd fi mewn llaw. Fe ddysgodd imi fod yn gynnil ac yn ddethol mewn cerdd. A phan enillais i gadair Eisteddfod Lewis's, Lerpwl, am bryddest, fe ddaeth o a 'nghyfaill a 'nghyd-letywr ar y pryd, Derwyn Jones, bob cam i Lerpwl i gynnal fy mreichiau i. Alla i ddim anghofio hynny.

Peth arall a gyfoethogodd fy meddwl i, a'm hymdrechion llenyddol i wedi hynny, oedd darganfod tafodieithoedd Cymru. A hynny nid ar bapur, ond trwy'r glust. Un ffordd o wneud hynny ydi cyd-letya â bechgyn o bedwar cwr y wlad. Un o'r rheini oedd Carey Garnon o Sir Benfro—acen bert ydi honno—a Dafydd Lloyd Williams o Fôn, y bûm i'n rhannu stafell efo fo yn Aberystwyth a'r Bala. Un arall dawnus o Fôn, wrth gwrs, oedd Huw Bach, y bûm i'n agos iawn ato wedyn am hanner canrif. Ac wedi mynd i Aberystwyth, darganfod Gwyn Erfyl a'r bardd rhiniol Eirian Davies. Fe fu llawer o drafod llenyddiaeth efo Eirian yn ei stafell o neu fy stafell i tan oriau mân y bore.

Rydw i'n edifar byth na dderbyniais i mo wahoddiad Eirian i fynd gydag o i weld T. Gwynn Jones yn ei ddyddiau ola. Yn fuan wedyn roeddwn i yn angladd y bardd mawr hwnnw yng nghapel Salem, Aberystwyth.

Petai amser, mi allwn i sôn am nifer o'r bechgyn a'r merched ddaeth yn rhan o 'mywyd i yn y pedwardegau, a chyfoethogi 'mhrofiad i fel cyw o lenor. Ond petawn i'n dechrau enwi'r beirdd a'r llenorion amlwg y ces i'r fraint o'u cyfarfod wedi hynny, mi fyddwn i'n swnio fel petawn i'n ymffrostio. Felly, wna i ddim dechrau. Ond ga i ddweud bod cwmni dau ohonyn nhw wedi bod yn arbennig iawn o werthfawr i mi? Un oedd Dyddgu Owen. Ac yn nhŷ Dyddgu yng Nghyfronnydd ym Maldwyn y ces i gyfarfod Tegla am y tro cynta. Wedi'r cyfarfod cynta hwnnw, fe ddylanwadodd Tegla arna i mewn mwy nag un ffordd tan ddydd ei farw bymtheng mlynedd yn ddiweddarach. Gwaith unig ydi sgrifennu—felly rydw i'n hoffi iddo fod—ond mae ambell sgwrs â chyd-lenorion yn werthfawr iawn, yn enwedig pan fydd y fflam greadigol yn llosgi'n isel.

Rwy'n falch mai Cymro ydw i, a Chymro Cymraeg. Ac yn diolch llawer am lenyddiaeth fy ngwlad, am gael nabod rhai o'r mawrion a'i cyfoethogodd hi, ac am gael cyfrannu fy nhipyη bach fy hunan ati. All neb ofyn am wobr fwy yn hyn o fyd.

Gwenlyn Parry

Llun: Cyngor Llyfrau Cymraeg

Gwenlyn Parry

1

Mi ges i 'ngeni yn Neiniolen, pentref bach ddim yn bell o droed Yr Wyddfa, yn agos i Lanberis. Deiniolen oedd o'n cael ei alw'n swyddogol er mai Llanbabs oeddan ni'n ei alw fo. Llanbabs oedd yr enw cynta arno fo. Rhyw ddyn, meddan nhw i mi, o Lanbabo, Sir Fôn, wedi cario carreg ei aelwyd bob cam ar 'i gefn, yr holl ffordd o Sir Fôn i lle mae Deiniolen heddiw ac adeiladu'r tŷ cyntaf. Galw'r tŷ yn Llanbabo, ac felly Llanbabo oedd enw'r pentref, ond doedd o ddim yn rhyw enw parchus iawn. Ond cyn gynted ag y cafodd Capel Ebeneser ei adeiladu mi ddaru nhw alw Llanbabo yn Ebeneser, fel oedd y drefn yr adag honno o alw lle ar ôl Capel. Ond doedd Ebeneser rywsut ddim yn taro deuddeg ac oherwydd Llanddeiniolen a W. J. Gruffydd a ballu, yn y diwedd dyma nhw'n penderfynu galw'r lle yn Deiniolen. Ond, yn rhyfedd ddigon, Llanbabs ydi o o hyd a Llanbabs fuodd o i ni erioed.

Roedd 'nhad yn chwarelwr yn chwarel Dinowrig, ryw 'chydig bach uwchben Llanbabo. Roeddan ni mewn rhyw fath o bowlan a dweud y gwir, wedi'n hamgylchynu gan y mynyddoedd 'ma, Y Bigil, Elidir. Roeddan ni mewn rhyw fath o grochan, a 'nhad yn y chwarel yn ennill ei fara beunyddiol. A mi oedd hyn yn creu rhyw fath o ansicrwydd mawr yn ein tŷ ni ac yn nhai pob chwarelwr arall achos mi roedd 'na ryw fath o ymladd yn erbyn . . . yn erbyn tlodi. Roedd 'nhad, dach chi'n gweld, weithiau'n dod adra ar ddiwedd mis mewn dyled i'r chwarel achos mi oedd rhaid iddo fo brynu'r powdwr du a'r ffiws a'r offer ac yn y blaen, ac os nad oedd o wedi ennill digon o lechi i gael cyflog da mi oedd o ar ei golled ar ôl talu ei ddyledion. Ond mi oedd gynnon ni gythraul o fam dda a mi oedd hi'n gallu gorchfygu pob anhawster. Roedd hi'n gallu gwneud y lobsgows gorau'n y byd allan o ryw lond dwrn o esgyrn. Mi oedd y chwarel 'ma hefyd yn creu rhyw fath o ansicrwydd arall. A fyddai 'nhad yn dod adra y noson honno yn ddianaf? Galwedigaeth beryglus iawn oedd ganddo fo a llawer un.

'Rwb' yn y chwarel. Chwalfa yn disgyn, ac yn amal iawn roedd cnoc ar
ddrysau'r pentref—rhywun yn deud fod rhywun wedi cael damwain yn
rhywle, a gan amlaf pan oedd pawb yn hapus braf oedd hyn yn digwydd.
Dwi'n cofio oedd 'na haul bob amser oedd 'na rwbath annifyr yn
digwydd. Pawb yn chwarae'n llon ac wedyn, cnoc ar y drws. Mam yn
mynd i'r drws—Katie oedd enw Mam—'Ma'n ddrwg gen i, Katie, ond
mae William John wedi cael dipyn o anffawd', a 'nhad yn ysbyty'r
chwarel. Mi oedd yr ofn yma'n fygythiad parhaol a mae 'na amryw o
feirniaid llenyddol yn deud bod 'y nramâu i'n llawn o'r bygythiad
yma—y bygythiad o'r tu allan. Ac o edrych arnyn nhw, yn amal iawn
mae'r bygythiad o'r tu allan yn digwydd pan mae pawb yn hapus y tu
mewn. Mi ofynnodd rhywun i Pinter unwaith—a mae'n rhaid i mi
gyfaddef bod Pinter wedi bod yn ddylanwad mawr arna i fel dramodydd
—am be oedd ei ddramâu fo, am be oedd ei ddramâu o i gyd, a dweud y
gwir? A mi ddudodd Pinter, 'They are about the weasel under the
cocktail cabinet'. Fel basan ni'n deud yn Deiniolen, 'y wenci o dan y
cwpwrdd lysh'. Wel, rwan ta, doedd 'na ddim cwpwrdd lysh na choctêl
cabinet na dim byd arall yn tŷ ni, ond roedd 'na hapusrwydd yna, a
rhyw fath o symbol o hapusrwydd efallai oedd y coctêl cabinet i Pinter,
ond yn cuddio dano trwy'r adeg, mi oedd y wenci, y bygythiad 'ma o'r
tu allan yn barod i ddod a brathu.

Yr Ail Ryfel Byd wedyn yn cipio 'nhad o'r aelwyd a mynd â fo i
bellteroedd byd. Disgwyl am 'i lythyr—llythyr yn deud 'i fod o'n saff ac
yn gweddïo bob nos na fasan ni byth yn cael y telegram hwnnw oedd yn
deud, 'Missing, presumed killed'.

Dim ond saith oed oeddwn ni pan aeth 'nhad i ffwrdd a thrwy gydol y
pum mlynedd yna o ryfel roedd Mam yn dad ac yn fam i mi, a'm chwaer
fach, wrth gwrs, Margaret. Dynas gre oedd Mam. Dynas gre oedd hi'r
adeg honno a dynas gre fuodd hi ar hyd ei hoes. Mynd allan i llnau,
golchi i hwn a'r llall i wneud yn saff fod fy chwaer a minnau'n cael
chwarae teg. Mi gafodd waith mewn Ffatri Ammunitions yn Llanberis
—ew, dyna pryd ges i un o brofiadau mwyaf ysgytwol fy mywyd. Mam
yn dod i'r tŷ un noson o'r gwaith yn gwisgo trwsus llaes, neu slacs
oeddan nhw'n eu galw nhw yr adeg honno. Dynas mewn trwsus llaes—
dyna chi beth. Dod i mewn mewn trwsus nefi blw—dwi'n cofio fo
rwan. A mi wisgodd Mam y trwsus yn tŷ ni byth er hynny. Hi oedd y

bòs, a hi ydy'r bòs. Maen nhw'n deud i mi bod y ferch yn fy nramâu yn dueddol o wisgo'r trwsus a mae hi 'di'r bòs. Dwn i'm.

Ar ben y lôn, mi oedd y Llyfrgell a mi o'n i'n mynd yno reit amal a dweud y gwir, nid i ddarllen ond i chwarae snwcer. Mi oedd 'na ddau fwrdd snwcer bendigedig yno. Bòs y llyfrgell, y pennaeth, oedd dyn o'r enw Tom Peris Jones. Mi oedd fy nhad a fynta yn gyfeillion mawr, er mi oedd Tom Peris dipyn yn hŷn na 'nhad. Ond, mi oedd Tom Peris Jones a'i wraig—ac i mi Yncl Tom ac Anti Maggie fuon nhw erioed—mi fuon nhw yn gefn mawr i Mam, fy chwaer a minnau yn ystod y Rhyfel pan oedd fy nhad i ffwrdd. Ond dwi'n cofio un diwrnod i Yncl Tom fy nghetio i o'r bwrdd snwcer i'r stafell ddarllen a deud, 'Yli, mae'n hen bryd i ti sticio dy drwyn yn rheina'. Fe gyflwynodd i mi Meuryn, E. Morgan Humphreys, Lisabeth Watkin-Jones, ac efallai mai dyma pryd y ces i flas ar lenyddiaeth am y tro cyntaf, a sylwi 'i fod o'n bosib cael mwynhad o'r peth. Bod o'n gallu bod bron cystal â snwcer weithiau. A mi oedd gan Yncl Tom fab—Stan Tom Per. Roedd Stan dipyn hŷn na mi, a diddordeb mawr Stan oedd trydan—*electrician* oedd o isio bod, ac yn y diwedd, mi ddechreuodd fusnes bach yn Neiniolen—Deiniolen Electrics, a phan o'n i'n yr ysgol o'n i'n gallu ei helpu o yn ystod y gwyliau, felly. Ro'n i'n mynd o gwmpas i weirio. A mae'r elfen yma o fod isio weirio plwg neu olau yno' i o hyd. Pan ma' rhywun yn deud, 'Ma' 'na rwbath yn bod ar y plwg yma', fi 'di'r cynta yna efo'n sgriw-dreifar. A mae 'na ryw foddhad mawr, 'dach chi'n gweld, wrth weirio. 'Dach chi'n gosod weiran mewn twll bach a weiran mewn twll arall, a 'dach chi'n ei harwain i fyny'r wal o dan ddistiau'r bwrdd, ac yn y diwedd un 'dach chi'n ei chysylltu efo rwbath arall a mae 'na fylb bach yn ben hwnnw, ac wedi i chi wneud hyn i gyd, 'dach chi'n pwyso swits bach a mae 'na rwbath yn digwydd. Un ai bod y golau'n cynnau neu tydi o ddim. Wel, os dydi o ddim mae'n rhaid i chi fynd yn ôl i chwilio be sydd o'i le. Pa weiran sydd yn y twll iawn ac yn y blaen. Ond, os ydi o'n cynnau mae 'na ryw foddhad mawr yn eich corddi chi.

A phan o'n i wedyn yn athro ysgol o'n i byth yn saff pan o'n i hefo plentyn yn trio dysgu rwbath iddo fo—o'n i'n iawn? Fasa 'na olau'n dŵad rhyw ddiwrnod i ben yr hogyn bach yna, ynta jest tywyllwch. O'n i byth yn saff. Oedd 'na ddim prawf. A hyd yn oed pan dwi'n sgwennu rwan—does dim prawf pendant 'mod i wedi sgwennu unrhyw beth sydd yn dda neu o bwys, neu'n rybish. Fedra i ddim taro'r swits ymlaen a deud, 'Mae o'n gweithio, neu tydi o ddim,' ond efo trydan mi o'n i'n gallu gwneud. A mae'r hen drydan yma hefyd wedi ymwthio i'n nramâu i. Mi oedd yna drydanwr, os ydw i'n cofio, yn *Y Tŵr*. Mi oedd yr hen dŷ ar y tywod 'na yn troi'n ffair yn y diwedd, yn oleuadau i gyd yn fflachio. A dwi'n siŵr bod Stan Tom Per a'i drydan yn Deiniolen Electrics wedi cael dylanwad arbennig arna i.

Ond dros y ffordd i'r Llyfrgell mi oedd 'na ysgol, Ysgol Gwaungynfi. Mr Williams oedd y Prifathro. Doedd ganddo fo fawr o ddiddordeb yno' i. A dweud y gwir wrthach chi, dim ond rhyw lond dwrn o blant oedd yn cael ei sylw fo, a'r rheiny o ryw ddosbarth ychydig yn uwch na dosbarth y stad gownsil o'n i'n byw ynddi hi. Ei ddiddordeb o oedd plant y dosbarth canol, ac mi oedd 'na blant dosbarth canol yn bod yn Neiniolen cofiwch. Plant doctor, manijar yn y Co-op, postfeistr, bwtsiar, plismon. O oedd, mi roedd yna ddosbarth canol yna, a llond dwrn o blant dewisiedig fel y rhain oedd yn cael y fraint o drio'r Sgolarship. Dyna pam, mae'n debyg, 'mod i wedi rhoi'r ffidil yn y to yn Ysgol Gwaungynfi ymhell cyn i mi gyrraedd yr Eleven Plus. Ond yn sydyn, a finna'n Standard Four, dyma Mr Williams yn rhoi'r ffidil yn y to ac yn ymddeol. Ac mi gerddodd gŵr ifanc o'r enw Mr Richard Jones i mewn i'r ysgol ac eistedd yng nghadair y Prifathro. Ia, rhoswch chi— nid Mr Richard Jones yn unig oedd enw hwn ond Mr Richard Jones BSc. Ia, BSc—Batchelor of Science—a chyn ein bod ni wedi troi roedd o wedi dadansoddi a chategoreiddio a mesur pob un ohonom ni. Yn sydyn, er mawr sioc i mi, mi o'n i wedi landio yn y dosbarth Sgolarship. A finna cofiwch yn bedwerydd ar hugain yn y dosbarth yn ôl yr arholiad diwedd y flwyddyn—*twenty fourth*. Dim ond deg ar hugain oedd yn y dosbarth. Dwi'n cofio Jones yn gafael yno' i, 'Be ti isio bod ar ôl tyfu?' medda fo wrtha i reit chwyrn. 'Chwarelwr fath â 'nhad,' meddwn inna'n jiarff i gyd.

'Gwranda, 'ngwas i,' medda Mr Richard Jones, BSc, 'os na shapi di mi gei di'r gic fwya ges ti'r rioed dan dy din.' Mi ofalod amdana i. Mi dreuliodd amser ychwanegol gyda mi. Mi roth waith i mi. Gwaith i'w gwblhau yn y nos—*homework*—nes o'n i'n chwysu chwartia. A mi ddois i'n gydradd cyntaf y flwyddyn wedyn efo Maureen Parri drws nesa ond tri i ni, yn gydradd hefo mi. A mi oedd hi wedi hawlio'r safle cyntaf yma iddi hi ei hun ers cyn cof. Ond yr hyn a wnaeth Mr Richard Jones yn fwy . . . bob p'nawn dydd Gwener mi fydda fo yn darllen stori i ni. Wel, meddach chi, be sy mor arbennig yn hynny? Mi oedd pawb yn cael stori ar b'nawn Gwener. Ia, ond *hold on*—Richard Jones BSc oedd yn sgwennu'r storïau yma ei hun a mi ges i y profiad rhyfedd hwnnw o ddal yn fy nwylo y gyfrol o'r storïau wedi eu cyhoeddi dan y teitl *Sbando'r Llinyn* ac mi roeddan nhw'n straeon rhyfeddol. Mi oedd Sbando'r Llinyn, rhyw gorrach bach, yn ymddangos bob tro y byddai'r hogiau mewn rhyw fath o drybini. Ond cofiwch chi, roedd yn rhaid i'r hogiau lapio rhyw linyn mewn ffordd arbennig rownd 'u bysedd iddo fo ymddangos. Ond, mi oedd rhaid iddyn nhw helpu Sbando i achub eu hunain. Mi oedd 'na ryw fath o brawf gwyddonol arnyn nhw. Cofio'r hogiau wedi mynd lawr rhyw hen ffynnon un diwrnod a'r rhaff wedi dod oddi ar echel y ffynnon ac wedi disgyn i'r llawr. Sbando'n ymddangos yn dop y ffynnon. Ar ôl i'r hogyn droi'r llinyn yma rownd 'i fysedd dyma Sbando'n ymddangos, yr hen gorrach bach, ac yn dirwyn i lawr i waelod y ffynnon edau . . . edau frau iawn. A'r hogiau'n methu gwybod be i'w wneud. Sut yn y byd mawr allen nhw ddringo i fyny edau? Ond, wrth gwrs, o ddatrys y broblem, mi roedd rhaid rhoi'r edau yn sownd yn y rhaff a thynnu pen arall yr edau yn araf, araf, nes oedd pen y rhaff yn mynd dros yr echel ac i lawr yn ôl yr ochr draw. Ac wedyn, dyma'r hogiau yn dringo i fyny'r rhaff.

Dwi'n meddwl mai Jones Sgŵl, BSc, roth yr ysfa i mi i drio rhoi gair at air fy hun ac yn fy stafell yn Nhafod Ola, Deiniolen, mi ddechreuais i sgwennu straeon bach fy hun. Welon nhw erioed olau dydd, a welan nhw byth, ond rwy'n hollol sicr mai Jones, Richard Jones, BSc, blannodd yr ysfa yno' i.

Do, mi basiais y Sgolarship a mynd i Ysgol Ramadeg Brynrefail. Dyddiau digon difyr. Chwarae triwant, chwarae ffwtbol, cwffio, rhedeg ar ôl merchaid ond ar wahân i'r athrawes Gymraeg, Miss Cadi Evans, Miss Parri, Biol, Wil Vaughan Jones, Maths a mechanics, doedd gennyf fawr o ddiddordeb. Fawr o ddylanwadau yma. Mae pob tîm yn dibynnu ar ei gapten, a chapten uffernol o sâl oedd gynnon ni yn Ysgol Brynrefail yr adeg honno. Prifathro o'r enw Mr Thomas. Oedd gynno fo ddim owns o ddiddordeb yn y gymdeithas Gymraeg. Y fo bender-fynodd mai cân yr ysgol oedd 'Forty years on, when afar and asunder, parted are those who are singing today'. Dyna i chi dw-lal os bu 'na un erioed. Maen nhw'n deud i mi mai cân Ysgol Eton oedd hon, ac fel Mr Williams gynt yn Ysgol Gwaungynfi, mi roedd gan hwn hefyd ei ddetholedig ddisgyblion o'r dosbarth canol, proffesiynol—mab y plisman, mab y cemist, mab y bwtsiar. Oedd, mi oedd dosbarth canol yn Ysgol Brynrefail hefyd.

Gogwyddo at yr ochor wyddonol wnes i yn yr ysgol am fy mod i efalla isio bod yn BSc fel Mr Richard Jones, Sgŵl, a dyna pam o'n i'n dueddol o fynd ar ôl Miss Parri, Biol a Wil Vaughan, y ddau yn yr Adran Wyddonol—Biol a Mathemateg. Dyna pam yr oeddan nhw efallai yn uchel ar fy rhestr. Ond ar yr un pryd, roedd 'na ddynas fach, fach, fach o ran maint ond mawr, mawr o ran gallu a menter o'r enw Miss Cadi Evans. Mi oedd hon yn brathu wrth fy sodlau fel rhyw ffurat bach. Oedd hi'n mynnu mai anian lenyddol oedd yno' i nid rhyw hen anian wyddonol. Ac fe ddysgodd un wers yn gynnar iawn i mi—mai gwaith caled a llafurus iawn yw creu dim byd o bwys â geiriau. Dwi'n cofio un tro, a finna newydd gael fy nghyflwyno i'r athrylith hwnnw trwy'i waith— T. H. Parry-Williams—ac wedi darllen rhai o'i Ysgrifau fo, ac wedi cael fy nghynhyrfu yn arw. Dwi'n cofio i mi fynd adra a meddwl, 'Iechyd, mae gen i syniad bendigedig am ysgrif heno'. Mi oedd . . . ysgrif oedd tasg y gwaith cartref Cymraeg y noson honno. A mi sgwennais i a mi wnes i eiriau fyny. Ew, a mi o'n i'n meddwl 'mod i'n glyfar. A dwi'n cofio ymhen deuddydd wedyn y llyfrau i gyd yn dod nôl, a dyna lle roedd Cadi Bach, fel roeddan ni'n 'i galw hi, Cadi Evans, yn talu sylw unigol i bob plentyn fel y byddai hi yn rhoi'i lyfr o'n ôl yn y dosbarth. Oedd hyn yn gallu bod yn 'chydig o embaras weithiau achos mi oedd eich gwendidau chi i gyd o flaen y dosbarth. A dyma hi'n deud wrtha i, 'Gwenlyn Parry,' meddai, 'cyn eich bod chi'n dechrau dangos eich hun i sgwennu fel T. H. Parry-Williams, dysgwch sgwennu Cymraeg cywir i ddechrau. Wedi i chi ddysgu sgwennu Cymraeg cywir, a dysgu'r rheolau, yna wedyn, mi gewch chi 'u torri nhw.' Wel, wn i ddim wnes i ddysgu Cymraeg cywir ond dwi'n siŵr bod gen i dipyn o barch i'r ffordd rydw i'n trio'i drin o yn fy nramâu heddiw.

Ond Deiniolen, neu Llanbabs fel dwedais i, oedd crochan fy ngwneud. Fan'no y ces i adegau mwyaf cyffyrddus a chynhyrfus fy mywyd. Allwn i ddim fod wedi dewis lle gwell i gael fy magu. Dramâu bob wythnos yn Festri Capel Ebeneser. Ffilm ar ganfas wely unwaith bob pythefnos yn Neuadd yr Ysgol. *Silents* cofiwch. Dwi'n gwybod 'mod i dipyn bach yn hen ond y *silent movies* 'de. Gawson ni fynd lawr i'r Majestic yn Gaernarfon wedyn a gweld y lluniau 'ma'n siarad. Ond, dwi'n credu 'mod i wedi cael 'y magu mewn oes gynhyrfus iawn. Gweld trydan yn dod am y tro cyntaf. Gweld pobol yn siarad ar y sgrin yn dŵad am y tro cyntaf. Gweld teledu am y tro cyntaf. Wyddoch chi, pethau sy'n cael eu cymryd mor ganiataol gan 'y mhlant i heddiw 'ma. Ia, Llanbabs, Llanbabs oedd crochan fy ngwneud. Dyma lle'r oedd chwaraewyr snwcer gorau'r Sir, y band gorau yng Nghymru. Dwi ddim yn gerddor . . . dwi'n bell o fod yn gerddor . . . ond anghofia i byth fynd hefo'r band i gystadlu i lefydd mor bell â Belleview, a chystadlu, cofiwch yn erbyn Bandiau fel Ferodos, Aviation a Black Dyke. Nid rhyw . . . wyddoch chi . . . rhyw fandiau pot jam ond bandiau go iawn a chipio . . . cipio gwobr gyntaf weithiau yn ein dosbarth. A dod yn ôl i Ddeiniolen yn hwyr yn y nos, yn y bỳs, a top y bỳs yn agored. Mi fydda i'n gweld yr un peth yn digwydd heddiw, wyddoch chi, pan mae'r bois 'ma wedi ennill yr F.A. Cup 'te, yn dod yn ôl i'r pentra ac yn dal yr F.A. Cup i fyny'n uchel. A ninnau'n dod yn ôl i Ddeiniolen 'te ac yn dal cwpan y band i fyny, a phawb wrth ymyl y Llyfrgell yn gweiddi 'Hwrê!' ac yn cael ein derbyn fel petaen ni yn arwyr. Ac mi roeddan ni, toeddan? Mae'n rhaid i mi bwysleisio yn fan yma mai syportar i'r band o'n i achos fel deudodd rhywun 'te—does 'na ddim nodyn o gerddor-iaeth yn agos i'm mrên i ond mae'n rhaid i hyd yn oed band gael syportars. Felly, o'n i ddim yn chwythu ond o'n i'n medru clapio ynde, a dod yn ôl a theimlo, 'Iechyd annwyl, o'n i hefo nhw pan ddaru nhw ennill'.

Wel, mae'r hen fand wedi bod yn bwysig iawn yn fy mywyd i. Mae o wedi cripio mewn i lawer iawn o 'ngwaith i. Ambell i bennod o *Pobol y Cwm*. Dwy neu dair o benodau yn *Fo a Fe* a hyd yn oed pan o'n i'n sgwennu'r gyfres Saesneg honno *District Nurse*. Mi ges i dipyn o hwyl yn dod â helyntion Band Deiniolen i fewn. Ond yn y crochan lle'm ganwyd roedd melys a chwerw. Fedra i ddim gwahaniaethu'r naill oddi wrth y llall bellach.

2

Pan ddaeth 'nhad adra o'r rhyfel, tair ar ddeg o'n i. Mi oedd o'n edrych
yn hŷn nag o'n i'n feddwl y basa fo, a gwahanol i be o'n i'n gofio. Mi
roedd o'n dawelach os rwbath, a mi roedd o'n trafod pethau hefo fi—
hyd yn oed yn gofyn 'y marn i ar ambell beth. Nid ei hogyn bach o o'n i
bellach, ond ei hogyn mawr o. Mi roeddwn i wedi newid mwy yn y pum
mlynedd nag oedd o i mi. Mi oedd ei agwedd o ata i yn hollol wahanol i
un Mam—ei hogyn bach hi o'n i o hyd. Deud wrtha i be i'w wneud oedd
Mam heb drafod pam ryw lawer—os trafod o gwbwl a dweud y gwir.

Felly mi oedd y dieithrio yma oedd wedi digwydd rhwng fy nhad a
minnau wedi creu perthynas wahanol ryngddon ni; bron na ddweda i 'i
bod hi bellach yn berthynas dau frawd. Ac felly bu hi ar hyd ei oes o. Mi
ddysgodd fi mai un o'r pechodau mwya sy'n bod yw brifo rhywun yn
fwriadol, boed gyda gair neu ddwrn. Mi ddysgodd fi hefyd i ddweud fy
marn heb flewyn ar dafod hyd yn oed os oedd hynny am fod yn golled i
mi mewn statws ac arian. Dwi wedi trio glynu wrth hyn ond wedi
methu hefyd yn amal iawn.

Mi fethais pan ges i y *call-up* i fynd i'r fyddin—National Service—a
'ngalw i wasanaethu'r brenin am ddwy flynedd.

Mi o'n i'n dipyn o heddychwr bellach o achos roedd fy nhad wedi sôn
cryn dipyn wrtha i am erchylltra rhyfel—be oedd wedi digwydd iddo fo,
be oedd wedi digwydd i bobol roedd o wedi dod i gysylltiad â nhw. A
doedd dim dwywaith y dylwn i fod wedi bod yn wrthwynebydd
cydwybodol yr adeg honno ond mi o'n i'n ormod o gachwr. Sut y
gallwn i gerdded o gwmpas pentra Deiniolen a'r hogiau yn gweiddi
'conchi' ar fy ôl i, fel gwnes i droeon cofiwch, hefo rhai eraill adeg y
rhyfel. Sut y gallwn i fod yn 'gonchi' hefo'r arwyr yma oedd wedi dod
yn ôl i Ddeiniolen ac wedi cael eu derbyn ac wedi cael medalau. Sut y
gallwn i fod yn 'gonchi' yn Neiniolen? Felly be wnes i . . . ? Dojo'r isiw!
Mynd i adran feddygol yr R.A.F. a bod yn nyrs. Ia, nyrs. Ac fe dreuliais
ddwy flynedd rhyfeddol o hapus a dweud y gwir, yn gweini mewn
ysbytai yn yr R.A.F., ac fe ges gyfle i gyfarfod peth wmbredd o wahanol
bobol a chlywed am eu problemau. Ma' pobol mewn poen yn awyddus
i gyffesu llawer i rywun. Mi fu bod yn nyrs yn help i sgwennu pethau
fel *Poen yn y Bol* . . . *Y Tŵr* . . . *Sal*. Nid yn unig o ran y teimlad oedd
rhywun yn dioddef, ond, wel, y wybodaeth wyddonol, feddygol

angenrheidiol ges i pan o'n i'n nyrs yn yr R.A.F. A dwi'n credu i mi
ddod adra o'r R.A.F. yn aeddfetach dyn—yn fwy amyneddgar ac yn llai
hunanol.

Ac ar 'y mhen â fi i'r Coleg Normal i ddysgu bod yn athro. Mynd yn
syth o'r Army i fyd Addysg a dod o dan ddylanwad dau arbennig iawn
yn fan honno—dau ddarlithydd. Menna Williams, merch ifanc, a Dewi
Machreth Ellis—dau ddarlithydd Cymraeg.

Roedd Dewi Machreth Ellis yn hen stejar pan ddois i yna, mi roedd o
wedi bod yna ers cryn dipyn, ond y fo dwi'n siŵr, wnaeth Llenyddiaeth
Gymraeg i mi yn fyw a difyr. Mi oedd hi'n hwyl mynd i ddarlithoedd
Dewi Machreth i'w glywed yn actio Robin y Soldiwr, Wil Bryan, Twm
Nansi. Do'n i ddim yn nabod Daniel Owen nes y dois i i nabod Dewi
Machreth Ellis. Yr unig drafferth oedd bod rhywun wedi ymgolli
gormod i wneud nodiadau.

Ond roedd y darlithydd arall yma, Menna Williams, yn dipyn
gwahanol—merch ifanc, merch ifanc braidd yn swil a dweud y gwir.
Dwi'n 'i chofio hi'n cyrraedd y coleg; mi ddoth pan ro'n i yn yr ail
flwyddyn. Dwi'n ei chofio hi'n rhoi ei darlith gyntaf ac mi ro'n i'n
gwybod ei bod hi'n nerfus, a dwi'n ei chofio hi'n dod aton ni yn y
diwedd a gofyn, 'Be oedd o'i le ar fy narlith i? Dwi isio i chi fod yn
onest'. A dynes fel'na fuodd hon erioed. Mi roedd beirniadaeth onest
yn bwysig iddi hi. Wel rwan 'ta, mi roedd hi'n rhyw fath o estyniad i
Cadi bach, Cadi Evans yn yr Ysgol Ramadeg, yn mynnu cadw 'nhrwyn i
ar y maen—a hefo hi mi roedd 'y llyfr nodiadau i fel *encyclopaedia*, ac yn
fy nhraethodau, roedd rhaid i bob coma fod yn ei le.

Wel, wrth gwrs, mi roedd na dipyn o hwyl yn y coleg. Trwy'r Adran
Gymraeg y dois i ymddiddori o ddifri yn y ddrama, nid fel sgwennwr yr
adeg honno, ond fel tipyn o gynhyrchydd a hyd yn oed tipyn o actor.

Mi fydda Dewi Machreth Ellis yno ym mhob ymarfer, wrth gwrs, yn
gwneud popeth, neu yn busnesu hefo popeth; cyfarwyddo, actio,
peintio'r setiau. Dwi'n cofio pan oeddan ni'n gwneud 'Hen Ŵr y
Mynydd'—fi'n cynhyrchu a Dewi'n deud mai rhyw fath o *stage hand*
oedd o—ond roedd o'n busnesu hefo popeth. Dwi'n cofio fod rhaid
cael berfa fel prop. A mi roedd y ferfa 'ma i gael ei rowlio i mewn trwy
giât yr ardd ar y llwyfan felly. Ond yn yr ymarfer ola, pryd oedd y set
gyflawn ar y llwyfan, mi ddaru ni sylwi fod y ferfa oedd gynnon ni yn
rhy fawr i fynd i mewn trwy'r giât—yr agoriad lawer iawn rhy gul.

Rhuthro wedyn o siop i siop yn chwilio am ferfa a Dewi Machreth Ellis yn egluro mai dim ond menthyg berfa oeddan ni isio—i actio mewn drama. Roedd hyn yn peri i bawb edrych reit hurt arnon ni a deud y gwir, ond dwi'n siŵr eu bod nhw'n credu bod pâr ddim yn gall ar eu dwylo nhw pan oedd Dewi Machreth yn mesur lled y ferfa wedyn â chortyn beindar oedd yn ei boced.

Yn y coleg yma hefyd y ces i gyfle i gyfarfod pobl fel Trevor Selway a Windsor Davies sydd, wrth gwrs, yn actorion adnabyddus erbyn heddiw. Yn wir fe ddaeth Windsor Davies a minnau yn ffrindiau mawr a mynd hefo'n gilydd yn athrawon i Lundain.

Ond tra oeddwn i yn y coleg roeddwn i hefyd o dan lach Richard Jones BSc eto. Na, doedd fy hen brifathro i ddim wedi troi cefn ar Ysgol Gwaungynfi i ddod i ddarlithio, roedd o yn fy nhreinio i fod yn bregethwr cynorthwyol.

Dechrau trwy fynd ar gefn beic i ble bynnag oedd Richard Jones yn pregethu a darllen yr emynau iddo fo, yn y man darllen o'r Beibl, ac yna y weddi o'r frest (oedd wedi ei pharatoi yn fanwl, wrth gwrs, a'i dysgu . . . wedi cael ei dysgu ar 'y nghof i.) Wedyn, cymryd oedfa Richard Jones i gyd—y bregeth, y darllen, y weddi, y lot, ac yn y man fe ges i fy ngyhoeddiad fy hun fel Pregethwr Cynorthwyol ar brawf.

Mae'n debyg 'mod i wedi llunio ugeiniau o bregethau—gyda help Richard Jones, a wyddoch chi, mae siâp pregeth neu gynllun pregeth yn debyg iawn i ddrama—i ddechrau un mae gynnoch chi dri phen mewn pregeth a mae gynnoch chi dair act mewn drama, a mewn pregeth mae hi'n datblygu i ryw fath o dro yn y gynffon, fel y mae drama tair act hefo rhyw fath o gic yn y gynffon a hefyd mae yna ryw fath o foeswers on'does. Wyddoch chi, ar ddiwedd y bregeth, rydach chi'n deud, 'Wel, efalla wedi'r cyfan dyma be dwi isio'i ddeud.' A mae 'na rai efalla'n mynd i ddeud mai dyma ydy 'ngwendid i fel dramodydd, fy mod i yn trio dod â rhyw fath o foeswers ar y diwedd. Wel, efalla mai bai Richard Jones yn fy ngwneud i'n bregethwr cynorthwyol oedd hynny.

Mae amryw wedi labelu fy ngwaith fel dramâu crefyddol a synnwn i ddim 'u bod nhw'n agos iawn i'r gwir hefo amryw ohonyn nhw.

3

Fel y dywedais i o'r blaen, fe ddois yn ffrindiau mawr hefo Windsor Davies yn y coleg ym Mangor ac yr oedd y clwy drama wedi cael gafael ynddo yntau hefyd. Dyna mae'n debyg pam aeth y ddau ohonon ni i lawr i Lundain i fod yn athrawon i gael bod yng nghanol byd y theatr, ac yn y West End y treuliais i ac o y rhan fwya o'n hamser rhydd yn rhythu ar bobol fel Ralph Richardson, Hugh Griffiths, Peter O'Toole, Spike Milligan, Flora Robson ac Edith Evans mewn campweithiau fel *Cherry Orchard, The Cocktail Party, The Bedsitter* ac yn y blaen. A dwi'n siŵr bod hyn wedi cael dylanwad mawr ar fy nhechneg i o roi drama at ei gilydd. A dwi'n sicr bod hyn wedi miniogi cryn dipyn ar 'y nghrefft i, os oes gen i grefft.

Ond dysgu Cymraeg i Cockneys? A! *Hold on* . . . wnes i ddim deud wrthach chi. Mi wnes fathemateg a gwyddoniaeth yn y coleg yn ogystal â Chymraeg, ac am dair blynedd Pari Maths o'n i i blant bach Llundain —er i mi gael gwell llys enw mewn un ysgol, a dyma i chi be oedd o— Parry-olelogram. Rhai ffraeth iawn oedd yr hen *Cockneys* bach a wyddoch chi mi roedd yr athro oedd yn methu deud y gwahaniaeth rhwng *cheek* a 'ffraethineb' yn disgyn ar ei ben i drafferth; doedd o ddim yn cael llawer o groeso.

Mi roedd ambell i athro yn cael cythraul o amser yn ysgolion Llundain yr adeg honno; dyna'r cyfnod yr ysgrifennwyd y llyfr *The Blackboard Jungle* ble roedd bywyd ambell i athro mewn perygl mawr. Ond criw bach ffraeth iawn ges i blant Llundain erioed—yn debyg iawn yn eu hiwmor a'u hateb parod i blant Bethesda lle deuthum yn athro flynyddoedd wedyn.

Dwi'n cofio un dydd St Patrick i fachgen bach, Tommy O'Shea— rhyw gymeriad bach tua deuddeg oed—ddod i mewn i'r dosbarth gyda thusw o Shamrock yn nhwll botwm ei got. Mi roedd golwg braidd yn llipa ar y Shamrock a mi benderfynais dynnu coes O'Shea a mi ddeudis yn uchel, 'O'Shea, what is that weed you are wearing?' a'r plant yn giglian chwerthin. Ond fe ddaeth ei atebiad fel bwled o wn, 'It's something similar to the pickle you wear on St David's Day'. Wel, bloedd o chwerthin gan y plant a fedrwn i ddim llai na chwerthin fy hun. Nid *cheek* oedd hynna ond ffraethineb.

Mi gadwais fy llaw hefo'r Gymraeg cofiwch, trwy ddysgu dipyn o'r
iaith i Gymry di-Gymraeg yng nghlwb Cymry Llundain yn Grays Inn
Road. Yn wir, mi ges i'r fraint o ddysgu Cymraeg i Gwyneth Jones oedd
ar ei ffordd i fod yn un o brif Sopranos y byd, er nad oeddwn i ddim yn
sylweddoli hynny'r adeg honno.

Ond yr hyn oedd yn fy nenu i fwyaf i'r clwb oedd yr adran ddrama a'r
adran adloniant ysgafn oedd yno. Roedd yr adran ddrama dan gyfar-
wyddyd dyn hynaws iawn, hynaws a thawel, o'r enw Reginald Evans. A
thrwy gydweithio gyda Reg y dysgais fod rhaid trefnu popeth yn fanwl
ymlaen llaw, bod rhaid cynllunio llwyfan fel pensaer yn cynllunio tŷ,
bod rhaid trefnu pob symudiad yn fanwl. Safonau proffesiynol oedd yr
unig safonau i anelu atynt boed y gwaith yn ddrama, sgets neu Noson
Lawen.

Roedd pobol fel David Richards, Bryn Richards, Peter Morley, Iwan
Thomas, Ieuan Davies, Hafina Clwyd ymysg aelodau'r clwb yr adeg
honno—pobol ddaeth yn adnabyddus wedyn yn y busnes cyfathrebu
'ma, a dwi'n siŵr y byddai pob un yn barod i gydnabod fod dylanwad
Reg yn drwm arnynt. Mi glywais i Ryan a Rhydderch, a ddaeth i
Lundain y flwyddyn yr o'n i yn gadael . . ., mi glywais y ddau yn deud
droeon mai Reginald Evans, Llundain ac Edwin Williams, y Coleg
Normal Bangor, oedd y dylanwadau mwyaf ar eu gyrfa.

Mi ges gyfle yn Llundain i arwain nosweithiau llawen a hyd yn oed i
fynd â'n cynnyrch i'r Eisteddfod Genedlaethol.

Ond mae'n debyg gen i mai'r digwyddiad pwysicaf i mi yn Llundain
oedd cyfarfod Caradog Pritchard; wel, Mati Pritchard wnes i gyfarfod
gyntaf . . . wel, pwdl Mati Pritchard wnes i gyfarfod gyntaf.

Wel dyna chi gymer oedd Mati—ac mae'n dal i fod, wrth gwrs. Mi
roedd ganddi hi drwyn i ddod o hyd i rywun oedd hefo'r tamaid lleiaf o
dalent. Onid oedd byw gydag un o dalentau mwyaf Cymru—Caradog
Pritchard—wedi dysgu hyn iddi.

Wna i byth anghofio'r noson honno pan ges i 'ngwahodd i dŷ Mati
Pritchard yn St Johns Wood, ac yno yn eistedd fel rhyw Toby Jug bach
yn y gornel mi roedd Caradog Pritchard. Fo a T. H. Parry Williams
oedd fy arwyr llenyddol, a finna rwan yn cael 'i weld o, a siarad hefo fo.
Cofiwch chi, roeddwn i braidd yn nerfus o'r fraint, ond buan oedd ei
lais tawel o, y llais tawel hwnnw oedd ganddo fo wedi'm gwneud i'n
hollol gartrefol, a wnaeth o ddim sôn gair am 'i waith 'i hun ond roedd

ganddo ddiddordeb mawr yn y ffaith 'mod i'n dŵad o Ddeiniolen neu Llanbabs fel y cyfeiriai at y lle bob amser, o achos dim ond rhyw 'chydig filltiroedd dros fynydd Llandegai o Fethesda oedd Llanbabs.

Fel y dywedais i eisoes, fydda fo byth yn sôn am ei waith. Dyna pam ges i gryn sioc un diwrnod pan ddwedodd wrtha i, 'Gwranda,' medda fo, 'dwi'n sgwennu drama radio a mae'r iaith a'r acen iawn gin ti, ti'n gweld, a dwi isio i chdi actio ynddi.' Fuo bron i mi ddisgyn oddi ar y stôl. Wrth gwrs, doedd dim sôn am Equity na dim byd yr adeg honno.

Fo oedd Golygydd Nos y *Telegraph* ar y pryd, a dwi'n gwybod mai yn nhawelwch yr oriau mân yma y sgwennodd dipyn go lew o'i waith, yn sicr dipyn go lew o'r ddrama radio 'ma. Sut dwi'n gwybod? Am 'y mod i wedi cael fy neffro amryw o weithiau drwmbwl nos gan y *Telegraph*. 'Caradog sy 'ma, was. Gwranda, be 'dan ni'n ddeud tua'r chwaral 'na dŵad, caniad deg 'ta chwthiad deg?' neu ryw gwestiwn cyffelyb. Clywed amball i baragraff wedyn dros y lein. Iechyd, o'n i'n torsythu gyda'r anrhydedd, wrth gwrs, ond yn colli lot, lot o gwsg!!

Wel mi ddaeth amser i mi adael Llundain, rwbath yn fy mol i'n tynnu fi'n nôl i Gymru, a mi es i ddysgu i Ysgol Dyffryn Ogwen, Bethesda, yr union ysgol lle bu Caradog Pritchard ei hun yn ddisgybl, a chlywais i ddim byd wedyn am y ddrama radio yma . . . dim byd. Roeddwn i 'chydig bach yn siomedig a deud y gwir, o achos, roedd wedi cynnig y *star part* yma i mi. Dim byd o gwbl, ond ymhen blynyddoedd wedyn fe wnes i ei darllen hi. Fe ddaru llawer un ei darllen hi—nid fel drama ond fel nofel. Fe gyhoeddodd Caradog Pritchard y ddrama radio gafodd ei gwrthod fel nofel—*Un Nos Ola Leuad*.

A braint mawr felly i mi yn awr yw fy mod i—a mae hwn fath â tasa rhywun yn chwythu rhywfath o ffanffer, ond mi chwytha i'r ffanffer yma—braint mawr felly i mi yn awr yw fy mod wedi fy newis i addasu'r nofel fawr yma yn ffilm.

Bu dylanwad Caradog Pritchard yn fawr, fawr iawn arna i.

4

Yn 1959 mi godais 'y mhac a gadael Llundain. Mi ro'n i wedi gwneud cais am swydd yn Ysgol Dyffryn Ogwen, Bethesda, ac wedi'i chael hi. Yn ôl i ddysgu Cymraeg, meddech chi. O, nage . . . yn ôl i ddysgu gwyddoniaeth trwy gyfrwng y Gymraeg. Wel, pam gadael Llundain, Y Clwb Cymraeg, y West End, yr holl bethau theatrig mi ro'n i wrth fy modd hefo nhw? Wel, am fod rhyw gnoi yng ngwaelod bol rhywun yn deud, 'Nid fa'ma wyt ti i fod 'sti'. Ma' rwbath bob amser yn fy nhynnu yn ôl. 'Cyw a fegir yn uffern yn uffern y mynn o fod,' neu fel dwedodd arwr arall imi, 'Duw a'm gwaredo, ni allaf ddianc rhag hon.'!

Ond fy ffarwél olaf â Llundain oedd arwain eu Noson Lawen nhw yn Eisteddfod Genedlaethol Caernarfon 1959. Mi oeddwn i wedi cyfarfod Rhydderch Jones a'i blastic mac yn Eisteddfod Pwllheli ddwy flynedd cyn hynny, ond yn Eisteddfod Caernarfon y dechreuodd ein cyfeillgarwch o ddifrif. Mi roedd Rhydderch a Ryan yn y Coleg Normal ar y pryd ac yn dipyn o sêr ym myd adloniant y gogledd. Mi ro'n i wedi clywed eu bod nhw ar fin dod lawr i Lundain, a felly mi roedd rhaid eu cael nhw yn Noson Lawen Cymry Llundain yn Eisteddfod Caernarfon —y ddau yn canu penillion, dwi'n cofio, a Ryan yn perfformio ambell i sgets ond yn fwy na dim yn perfformio meim. Mi roedden nhw'n ardderchog yn perfformio meim.

Wel, rwan, yn y sedd flaen mi roedd Mati Pritchard yn eistedd hefo Benji'r pwdl, ac yn ystod y meim mi wnaeth Ryan ryw osgo, rhyw osgo barodd 'chydig o fraw i Benji a mi ddechreuodd hwnnw gyfarth yn uchel a Mati yn ceisio ei dawelu fo—heb fawr o lwyddiant. Wel fi oedd yr arweinydd, ond doedd gen i ddim syniad sut i setlo Benji. Ro'n i ar goll yn hollol sut i drin y sefyllfa, ond mi roedd Ryan yn gwybod . . . fe ddaeth i flaen y llwyfan a chynnal sgwrs hefo Benji'r pwdl. Benji yn cyfarth, Ryan yn deud rhywbeth fel atebiad, Benji wedyn yn ateb Ryan mewn cyfres o gyfarthiadau a Ryan wedyn, wrth ateb, yn cyfieithu beth oedd Benji wedi'i ddeud wrtho. Wel mi dynnodd y tŷ i lawr wrth gwrs. Athrylith oedd Ryan na welais ei debyg wedyn—ac yn fa'na yn Eisteddfod Caernarfon y daeth Rhydderch, minnau ac yntau yn gyfeillion oesol! Ond mwy am ddylanwad y ddau athrylith hyn arna i ymhellach ymlaen.

Tra oeddwn i'n dysgu ym Methesda mi benderfynais fyw yng Nghaernarfon ar lannau'r Seiont. Tre'r Cofis! Mi roedd Tre'r Cofis wedi bod yn agos iawn i'm calon i erioed. Pan oeddwn i'n hogyn bach yn Neiniolen, i fa'ma ro'n i'n dod ar nos Sadwrn i chwilio am gariad, fa'ma es i i gaffi a chael pryd am y tro cyntaf, fa'ma welais i bictwrs yn siarad am y tro cyntaf a gafael yn dynn yn llaw rhyw ferch yn y seti cefn. Ac ar ôl ymgartrefu yng Nghaernarfon, buan iawn y dois i nabod cymeriadau fel Wil Napoleon, Mons a'r gang. Mi roedd y rhain yn dipyn o fois.

Treulio eu holl ddyddiau yn dojio gwaith, tynnu'r dôl ond dojio'r gwaith. Mi roeddan nhw'n gwneud pob math o bethau—mi roedd Wil unwaith, a Mons, wedi cael job fel *extras* mewn ffilm. Dwn i ddim os 'dach chi'n cofio ffilm *Vikings*—wel, yng Nghaernarfon y cafodd ei gwneud a Chastell Caernarfon oedd y lle roedd y Vikings yn ymosod arno fo. A Wil a'i fois, Cofis mewn crwyn defaid a ballu, y rheiny oedd y Vikings, a Wil yn deud stori wrtha i fel hyn, rywbeth tebyg i hyn, 'O'n i, w'sti, a Mons yn fan hyn, gathon ni job, gathon ni job yn y ffilm 'ma ac aethon ni lawr i'r aelwyd i newid a dyma crinc,'—crinc yng Nghaernarfon ydy'r dyn sydd yn fòs ar rywbeth, y fo ydy'r bòs a'r crinc yn yr achos yma oedd cynhyrchydd y ffilm—'a dyma crinc yn deud wrthan ni rwan am wisgo'r dillad yma a 'sti mi roth o groen dafad imi a mi wnes i dynnu'n nhrwsus a'r hen ddillad, ond Mons fan hyn, ti'n gweld,' medda fo, 'roedd o ofn tynnu'i ddillad. So, dyma fi'n deud, "Tynn dy ddillad," a dyma Mons yn deud, "Sbia, ma' Vanessa Lee yn fan'cw yn edrych arna i." A'r Vanessa Lee yma oedd seren y ffilm, medda Mons.' Ew, roedd hi'n anodd coelio bod Vanessa Lee yn yr un stafell newid â Mons a Wil Napoleon. 'Ond yn diwedd,' medda Wil, 'mi wnes i berswadio Mons i dynnu'i drwsus a gwisgo croen dafad. A 'sti be?' medda fo. 'Wedi iddo dynnu'i drwsus, ynde, 'ro'n i'n gweld pam doedd o ddim isio tynnu'i drwsus. 'Wsti pam?' Doeddwn i ddim yn gwybod be oedd o'n mynd i ddeud nesa. 'O achos,' medda fo, 'mae ganddo fo *varicose veins* fel peipiau *gas*.' Roedd gan Wil ryw dro ymadrodd fel hyn yn gyson.

A dwi'n cofio fo'n deud yr hanes fel yr oedd yn y ffilm yma wedi taflu Vanessa Lee dair gwaith i'r môr, y crinc yn deud wrtho fo wrth gwrs, a'r crinc yn sgota Vanessa Lee o'r môr a rhoi ffrae iddi am nad oedd hi'n actio'n ddigon da ac yn deud 'Wil, roeddet ti'n grêt, boi, *perfect, William. Next time you throw her give her a pinch in the bottom to make her scream well,*' a'r trydydd tro mi wnaeth ei thaflu i'r dŵr. 'A 'wsti be?'

medda fo. 'Dyna ti wast o arian,' medda Wil wrtha i. 'Pan ddoth y ffilm allan yn y Majestic ynde, y fi a'r hogia'n mynd i'w weld o ynde, dim ond un waith o'n i'n taflu'r fodan 'ma i'r dŵr.' Wel roedd o'n *naive* yn ei hiwmor ac eto yn siarad hefo'i dafod yn ei geg.

Yng Nghaernarfon hefyd y dois i i nabod Huw Lloyd Edwards a fu'n ysbrydoliaeth fawr i mi sgwennu. Trwy ei berswâd o wnes i anfon 'y nrama gyntaf *Y Ddraenen Fach* i Eisteddfod Genedlaethol, Dyffryn Maelor dwi'n credu, yn 1961 a dod yn gyd-fuddugol yng nghystadleuaeth y ddrama fer. A wedyn mi ges i ryw ddau neu dri o ryw ddramâu eraill i mewn, ond dramâu byr oeddan nhw i gyd. A dwi'n cofio Huw yn dod ata fi un diwrnod ac yn deud, 'Rwan ta, Parry, canfas mwy rwan . . . drama hir'. A dyna fynd ati i drio, ac fel hwb dyma gomisiwn gan Ellis Gwyn a Wil Sam o Theatr y Gegin i ysgrifennu drama hir a phydru ati o ddifri rwan; dyna pryd dyfodd *Saer Doliau*. Ond gonestrwydd beirniadaeth Huw i bob peth ro'n i'n ei sgwennu oedd yn bwysig, a mi roeddach chi'n gwybod nad oedd yna ddim byd ond fy lles i tu ôl i bob beirniadaeth oedd ganddo.

Roeddwn i'n dal i botsian hefo tipyn o actio a chynhyrchu yn Theatr Fach Eryri, a dyna lle dois i dan gryn ddylanwad athrylith arall—John Gwilym Jones. Roedd John Gwil wrth ei fodd yn cynhyrchu ond ei feirniadaethau llenyddol o a ddylanwadodd fwya arna i na dim byd arall. Trwyddo fo y sylwais fod gwrthdaro mor bwysig â'r stori . . . mor bwysig â'r plot. 'Mae'n rhaid cael gwrthdaro, boi bach,' medda fo, 'mewn drama gwerth ei halen a chofia di fod pob gair yn bwysig—nid yn unig yn y ddeialog ond yn y cyfarwyddiadau hefyd.' Mi roeddwn i'n mynd i'w dŷ o yn aml yr adeg honno, a phan oedd o'n gweithio ar ddrama mi fyddai'n darllen talpiau ohoni imi o'r Exercise Book bach oedd ganddo fo, wedi ei hysgrifennu mewn llawysgrif fân a destlus.

Roeddwn i'n arfer mynd i'r Newborough Arms yn Stryd y Palas lle roedd Harris a Stella wrth y llyw. Ac yn fan'no y ces i'r fraint o gyfarfod y diweddar Victor Neep, artist arbennig iawn. Treuliais i lawer o amser yn ei stiwdio fo ac yn wir y llun olew o'i eiddo ddaru'm ysbrydoli i ysgrifennu *Y Tŵr*. Mae'r darlun o'r llun hwnnw ar glawr y gyfrol.

Ond beth am ysgol Bethesda? Mi ges amser ardderchog yno. Doedd drama ddim ar yr amserlen yr adeg honno, ond fe ofynnodd yr athro Cymraeg, W. J. Davies, imi gynhyrchu drama flynyddol yr ysgol.

Ac yna wrth wneud un o'r cynyrchiadau yma y dois ar draws doniau arbennig iawn fel Margaret Pritchard, Gwyn Parry, John Ogwen. Ma' plant yn gallu dylanwadu arnoch chi, wyddoch chi, ac mi roedd llwyr ymroddiad y rhain i fusnes theatr yn hwb ac yn ysbrydoliaeth i mi.

Ia, ychydig iawn a wyddwn yr adeg honno y byddwn yn dod wyneb yn wyneb â nhw ym myd proffesiynol y cyfryngau achos ar ôl rhyw chwe blynedd ym Methesda fe adewais fy swydd fel athro i ffurfio adran sgriptiau yn adran ddrama'r BBC ym Mangor.

5

Er bod Ryan a Rhydderch yn Llundain a minnau yng Nghaernarfon mi wnes i gadw cysylltiad agos iawn â nhw mewn dramâu roedden nhw'n 'u teithio, nosweithiau llawen mewn Eisteddfodau, ymweliadau a gwyliau hefo'r teulu ac yn y blaen. Yn wir mi ddaeth Rhydderch yn y man i ddysgu i Lanrwst, ac yn ystod fy nghyfnod olaf yn Ysgol Dyffryn Ogwen mi roedd Rhydd yn byw a bod yn tŷ ni yng Nghaernarfon.

Pennaeth adloniant ysgafn y BBC ar y pryd oedd Meredydd Evans—'na chi foi. Mi roth adloniant y BBC ar y map gyda phobol fel Ruth Price a Jack Williams yn swyddogion medrus iawn yn 'i fatalion o. Fel llawer arall mi ges innau fy nylanwadu yn fawr gan Merêd—mi roedd o yna o hyd ac o hyd yn gwthio 'Beth am y peth a'r peth, Parry? . . . Yli, dwi isio sgets gen ti . . . Gwranda, dwi isio i ti lunio rifiw . . . Yli rwan, ma' rhaid i mi gael comedi sefyllfa fydd yn taro deg yn y Gogledd a'r De . . . Mae'n rhaid i chi, bois, mae'n rhaid i chi'. A thra oedd Merêd o gwmpas doedd dim segura i fod. Weles i 'rioed ddyn mor gydwybodol ag o, ac eto fe safai dros egwyddor hyd yn oed pan oedd hynny yn gwneud drwg i'w yrfa bersonol.

Un dydd mi ges i a Rhydd ein galw i Gaerdydd, 'Dowch, hogia, mae ganddon ni faterion pwysig i'w trafod'. Wel, mi aeth Rhydd a fi i lawr. Merêd isio ffurfio tîm o sgwenwyr i ysgrifennu cyfres o raglenni dychanol, rhaglenni fyddai'n cael eu darlledu'n fyw unwaith yn wythnosol, os dwi'n cofio. Ia, unwaith bob wythnos yn fyw. Cyfres o bedair oedd hi i fod ar y pryd felly, cyfres o dan y teitl *Studio B*. Ond fe dyfodd y pedair yn drigain, dwi'n credu o raglenni.

Yn y gyfres yma y rhoddodd Wil Sam trwy Stuart Jones yr actor, enedigaeth i'r anfarwol Ddyn Tryc—a ma' 'na stori fach ddiddorol yn fa'ma. Mi roeddan ni'n eistedd rownd bwrdd i drio meddwl am syniadau ond yr unig beth yr oedd yr hen Wil yn ei wneud bob tro yr oedd syniad yn dod i fyny oedd chwerthin, a phan roedd pawb yn mynd adra i drio sgwennu sgets ei hun mi fyddai Wil yn dod nôl wedi sgwennu dim o achos fedrai Wil ddim sgwennu hefo neb arall. Felly dyma ni'n gofyn iddo fo yn y diwedd, 'Wel, oes 'na rwbath hoffet ti neud dy hun 'ta, Wil?' A dwi'n cofio yr wythnos wedyn mi ddoth Wil â 'Y Dyn Tryc' ac yntau yn darllen y 'Dyn Tryc' ei hunan, ac wrth gwrs yr oedd pawb o dan y bwrdd. Os bydd rhywun yn cofio am *Studio B*, cofio am y 'Dyn Tryc' fyddan nhw.

Ond cyn diwedd y gyfres yma mi roedd Rhydderch wedi cael gwahoddiad i ymuno ag adran adloniant ysgafn y BBC fel cyfarwyddwr yn nhîm Merêd, ac mi gododd ei bac a gadael ysgol Llanrwst.

Dew, mae'n rhaid i mi ddeud 'mod i dipyn bach yn genfigennus, achos mi roedd y busnes cyfathrebu 'ma yn berwi yn fy ngwaed i.

Ond un noson dyma lais ar y ffôn, 'Wilbert Lloyd Roberts sy ma. Fydde'n bosib i mi gael sgwrs fach hefo chi? Wel, mi allen ni gyfarfod dros baned, beth am ddod yma i'n tŷ ni ym Mangor?' Argol annwyl, be mae'r dyn yma isio tybad?

A'r noson wedyn mi es i yno â 'ngwynt yn fy nwrn. 'Fasat ti'n licio gweithio hefo'r BBC ym Mangor?' meddai Wilbert. Mi lyncais fy mhoeri, 'Yn gwneud beth?' medda fi. 'Sgwennu,' medda fo. 'Dan ni isio ffurfio adran sgriptiau. Fasat ti'n hoffi gwneud hynny? A gwranda,' medda fo, 'dwi ddim isio i ti roi dy benderfyniad rwan, tyrd yn ôl ata i mewn wythnos . . . O, gyda llaw, contract blwyddyn fyddan ni'n ei gynnig i ti ar y dechrau wrth gwrs'. Ia, mi roedd yr hen gontract blwyddyn yna yn poeni 'chydig bach arna i yn enwedig pan oedd rhywun mewn job saff a pharchus fel athro . . . pensiwn ar ddiwedd y daith ac ati . . . a be fasa Mam yn deud. Mam isio i fi fynd yn weinidog neu'n athro, wnaeth hi ddim sôn am sgwennwr.

Ond mi o'n i'n gwybod na fedrwn i ddim gwrthod 'dach chi'n gweld, achos mi fyddwn am weddill fy oes mewn rhyw ddosbarth go swnllyd neu ryw *staff room* bach go fyglyd yn breuddwydio am y cyfle gollais i. Felly, mi roedd rhaid gadael y byd addysg a throi yn rhyw fath o sgwennwr proffesiynol hefo'r BBC ym Mangor hefo Wilbert Lloyd Roberts.

Mae gen i ddyled fawr i Wilbert er 'i fod o'n boenus o barticiwlar ar brydiau—yn golygu be o'n i wedi'i olygu—ond mi ddysgais i gryn dipyn am siâp a ffurf drama dan 'i law o. Fel Reg Evans, Llundain gynt a John Gwilym Jones, Groeslon, roedd hwn yn trefnu popeth ymlaen llaw i'r ebychiad olaf a dwi'n credu bod y Theatr yng Nghymru wedi cael cryn golled pan ddaru Wilbert Lloyd Roberts ffarwelio â Chwmni Theatr Cymru. Dwi'n ddyn ofnadwy o flêr hefo 'nillad, wyddoch chi, hefo 'nghar, hefo'r ardd acw yn chwyn i gyd, ond mae pobol fel Wilbert wedi 'nysgu i i fod yn ofnadwy o barticiwlar hefo sgript.

Ym Mangor ar y pryd mi roedd pobol eraill o'r un anian—pobol fel Geraint Morris, George Owen a John Hefin, ac mi ddysgais i lawer gan y rhain hefyd. Mi ddaethon ni yn gyfeillion mawr. Erbyn hyn dwi'n dal i weithio hefo rhai ohonyn nhw. Mi ddois i a John Hefin yn gyfeillion mawr o'r dyddiau cyntaf, ac ef yn y man ddaeth yn bennaeth yr adran ddrama ar ôl iddi symud o Fangor i Gaerdydd.

Mi roedd John hefyd, cofiwch chi, yn barticiwlar uffernol ac er ein bod yn ffrindiau mawr bu dadl/au weithiau nes roedd y lle yn wreichion i gyd. Fi yn amddiffyn y gair ac yntau yn mynnu y gallai'r camera 'i ddeud yn well.

Wel roedd lluniau *Grand Slam* cyn bwysiced os nad yn bwysicach ar adegau na'r sgwrs. Dyn drama llwyfan o'n i yn y bôn a thrwy ddylanwad John Hefin y dois i i ddeall bod y camera yn gallu dweud cyfrolau yn aml.

Ond ma' 'na un, efalla, yn fwy na neb arall, wedi dylanwadu nid yn unig ar fy ngwaith ond ar fy mhersonoliaeth i, fy ffordd o fyw, fy agwedd tuag at fywyd, fy hiwmor i, wel bron na ddwedwn i 'mod i wedi dŵad yn ddarn ohono fo—y diweddar Rhydderch Jones.

Rhamantydd mawr addfwyn oedd Rhydderch Jones ac os oedd ganddo wendid, efallai mai gor-ramantu oedd hwnnw. Mi fyddwn yn rhoi popeth sgwennwn iddo fo i gael ei farn o a mi fyddwn yn ei gael o heb flewyn ar dafod a bydda fo yn fy meirniadu am fod yn ddi-chwaeth neu'n rhy gwrs. Cawn innau y fraint o ddarllen ei greadigaethau yntau cyn i neb arall eu darllen nhw a mi fydda fo'n cael ambell i gerydd gen innau am fod yn rhy flodeuog a rhy ddelfrydol. Ac mae'n debyg mai'r gwahaniaeth yma rhyngom, a'n gallu i fod yn gwbwl onest â'n gilydd, a'n galluogodd i liniaru rhywfaint ar wendidau ein gilydd a thrwy hynny wella'r gwaith gorffenedig.

Mi fydda i yn fythol ddiolchgar i Rhydderch am roi ambell i ddos go dda o ramant i ambell olygfa fach, sinicaidd o'm rhan i.

Mi ddysgodd un peth mawr i mi—bod parchu cyd-weithwyr mewn project, o'r top i lawr i'r dyn gwneud te, yn holl bwysig nid yn unig er llwyddiant y gwaith gorffenedig ond er lles enaid rhywun. Ei adnod fawr o bob amser oedd, 'Mae pobol yn fwy na phetha, was'.

Mor amal ma' rhywun yn anghofio hynny!

Eigra Lewis Roberts

Llun: Gwydion Roberts

Eigra Lewis Roberts

1

Dros y blynyddoedd, mae'r teulu wedi gorfod gwrando arna i'n lleisio barn ar bob math o bynciau, yn ddigon cytbwys a doeth weithiau, yn ymfflamychol ryfygus dro arall. Ond mae yna un peth, o leia, na fydda i prin fyth yn cyfeirio ato—yn wahanol i'r rhelyw o famau a thadau yn ôl pob sôn—a hwnnw ydi'r 'ers talwm'.

I mi, peth personol, preifat ydi cofio; rhywbeth i'w ddilyn yn ôl fy mympwy ac yn fy amser fy hun. Mae'n gas gen i glywed rhywun yn taflu'r cwestiwn 'Wyt ti'n cofio?' ata i, ac yn aros yn eiddgar am ymateb. Minnau'n cael fy ngorfodi i godi pethau i'r wyneb; pethau y byddai'n well gen i fod wedi gadael iddyn nhw fagu cen.

Rydan ni, fel Cymry, yn rhai garw am edrych dros ein sgwyddau, byth a beunydd. Dyna un rheswm pam yr ydan ni gymaint ar 'i hôl hi. Dydi rhywun yn symud fawr wrth gymryd dau gam yn ôl am bob un ymlaen. Ac un o'r pynciau yr ydan ni wedi rhygnu arno fo hyd at syrffed ydi dylanwadau cynnar cartref a chynefin, ysgol a chapel. Wrth gwrs eu bod nhw'n bwysig. All neb yn 'i iawn bwyll wadu hynny, a pheth cwbwl annheg ac anghyfrifol fyddai eu diystyru nhw. Ond, yn enw popeth, os mai dyma ddechreuad pethau, nid dyma'r diwedd, does bosib!

Pe bawn i'n credu hynny, ni fyddai waeth imi droi fy wyneb at y pared ddim. Ni fyddai rhagor o ddotio a rhyfeddu, o chwilio a chwalu. Ni fyddai unrhyw ddiben mewn procio sgwrs, na thrafod na dadlau; dim newid barn na chwalu rhagfarn. Dim ond crafu'r wyneb wrth ddarllen; y teledu'n ddim ond gwm cnoi i'r llygaid. Y meddwl wedi caledu fel sment; y dychymyg yn hesb; y llwybrau bach dirgel i'r galon wedi'u cau i gyd; y synhwyrau wedi'u rhewi.

Mae'n rhaid i mi gyfadda, er hynny, fod arna inna angen picio i Sain Ffagan fy ngorffennol o dro i dro. Ond fydda i byth yn aros yn hir, rhag ofn imi golli gafael ar heddiw. Dim ond cip, i wneud yn siŵr fod y pethau sylfaenol yn dal yno.

Cyfneither 'y nhad oedd Anti Lisi, yn ddim o beth, ond yn galon i gyd, ac yn byw 'i chrefydd heb unrhyw orchest. Ni fyddai byth yn gwario arni'i hun. Roedd popeth a oedd arni 'i angen yn dod, meddai hi, 'oddi uchod'. Nid hen wragedd a ffyn fyddai'n glawio ar Anti Lisi, ond dillad ac esgidiau—sborion pobol eraill, gan amlaf. Âi ei phensiwn prin i lenwi dysglau ffrwythau ar loceri yn wardiau ysbytai Bangor a'r cylch ac i wadnu'r esgidiau yr oedd hi'n 'u treulio efo'i milltiroedd o gerdded i ymweld, cysuro a chydymdeimlo. Roedd Anti Lisi'n caru'i chymydog yn fwy na hi 'i hun. Nid 'i bod hi fawr elwach ar hynny, mewn hyn o fyd beth bynnag.

Daeth Yncl John i fyw i'r Blaenau ac i weithio'n y chwarel, heb erioed adael 'i gynefin. Fe ymdrechodd o ymdrech deg i geisio troi darn o dir creigiog y Blaenau yn gornel fechan o Faldwyn, ond heb lwyddiant, ar wahân i'r rhosyn mynydd o'r un lliw â gwisg sidan Mali yn nofel Elena Puw Morgan. Roedd o a'i wraig—Lal, i mi, gan ei bod hi, mae'n debyg, yn 'lalian' ac yn 'lwlian' uwch fy mhen i pan o'n i'n ddim o beth—yn rhannu aelwyd efo Nain Picton Teras, mam 'y nhad. Er ei bod hi wedi colli'i golwg, roedd hi wedi cadw'i chyneddfau i gyd. Ei merch wedi cwmanu, a hithau, yn ei nawdegau, yn syth fel brwynen.

Ac i fyny yn Park Square, roedd Mam a 'nhad; yno, bob amser, i warchod, cefnogi ac annog. Ganddyn nhw y cefais i'r blas cyntaf ar eiriau ond fy mod i, mewn amser, wedi troi fy nghefn ar 'u dawn lafar nhw a dewis encilio i roi geiriau ar bapur, yn hytrach na'r hunllef o orfod wynebu cynulleidfa mewn cyngerdd ac eisteddfod.

Go brin fod yna'r un plentyn wedi treulio mwy o amser mewn mynwentydd. Torri ar gerrig beddau, a'u gosod, oedd gwaith 'y nhad. Fi fyddai'n cario'r dŵr i olchi'r garreg ac yn taenu graean ar wyneb y bedd. Doedd yna ddim curo ar de bach mewn mynwent ar ddiwrnod poeth o haf, na dim cyn dlysed â'r llechen las, lân, y llythrennau aur yn sgleinio'n yr haul a'r cerrig gwynion fel cwrlid wedi'i daenu dros wely.

Y tu allan i gylch y teulu, roedd Mrs Williams, Gofryn, a allai ddisgyblu criw digon anystywallt o blant capel Maenofferen heb godi'i llais, am fod ynddi'r urddas cynhenid hwnnw a oedd yn ennyn parch. Ac, ymhen blynyddoedd wedyn, yn nyddiau Bangor, Tegla ddoeth, ddeallus. Y wên dawel honno a allai beri i bopeth syrthio i'w le, wrth iddo fy nghroesawu i'w ystafell ym Mangor Uchaf; y llais unigryw a fyddai'n tawelu f'ofnau, a'r hen gwpan cymun ar y silff ben tân, yn ganolbwynt yr ystafell ac yn adlewyrchiad o'i pherchennog.

Mae gen i ddarluniau ohonyn nhw i gyd. Ond does dim rhaid imi chwilio am y rheini i allu eu gweld, dim ond picio, pan fo'r galw, i storws y cof a chael cip, unwaith eto, ar wên ddireidus Anti Lisi, na fu ei chrefydd erioed yn faich iddi, a gwên dawel Tegla, y gŵr yr o'n i'n ymwybodol o'i fawredd, ond yn rhy anaeddfed i allu'i werthfawrogi'n llawn. Cael cyffwrdd, eto, â melfed petalau rhosyn mynydd Yncl John a gweld Nain yn 'i chadair gefn uchel, yn frenhines ar aelwyd Picton Teras. Cael bod yn hogan fach, yn ddiogel braf y tu ôl i ddrws 'Llenfa', Park Square, yn gwrando ar Mam yn adrodd hanes Seth yn mynd i 'gapel mawr Iesu Grist' a 'nhad yn 'rhoi'r meddwon ar werth'. Dim ond cip a chyffyrddiad; eiliadau o wrando a blasu a theimlo.

Fiw mynd yn rhy bell ar hyd yr un llwybr chwaith, nac oedi'n rhy hir, rhag ofn i dylwyth teg rheibus fy llusgo i mewn i'w cylch. Nid 'y mod i'n credu mewn tylwyth teg, ond mae'n well chwarae'n saff. Ond mi fydda i'n mentro dringo'r gamfa wrth ystlys eglwys Betws Garmon, o dro i dro. Bob gwyliau haf, mi fyddwn i'n teithio efo nghês ar y bws o'r Blaenau i lawr i'r Port. Newid yn fan'no i'r bws gwyn fydda'n mynd â fi i Fetws Garmon, ar gwr pentref Waunfawr, a dilyn y llwybr i fyny'r caeau, am fferm y Garreg Fawr.

Y Garreg Fawr oedd cartra Mam, cyn iddi briodi a symud i'r Blaenau. Yno, ryw dro, y bu'r nain a'r taid na welais i erioed mohonyn nhw, yn ymlafnio i fagu teulu. Ac yno, pan o'n i'n bustachu i fyny'r caeau efo nghês, yr oedd Anti Annie ac Yncl Tom yn byw—y hi yn fechan, fywiog, dwt, yn picio fel gwenynen yma ac acw o fora tan nos, ac yntau, brawd mam, yn barddoni wrth fugeilio a chneifio a chynaeafu, ac yn dychwelyd i'r tŷ fin nos i roi'r cwbwl ar bapur—englynion, emynau, adroddiadau i blant, penillion troeon trwstan, cerddi i ffermydd a moto beics yr ardal, a channoedd o gyfarchion geni, pen-blwydd a phriodas.

Efo help y cof, mi fydda i weithiau'n cael osgoi'r dringo, a chyrraedd ar un cam, fel petai, i fuarth y Garreg Fawr lle'r oedd Spot, y ci defaid calla fu erioed, y pistyll y byddwn i'n molchi dano fo a'r tŷ bach, lle gallech chi eistedd at sêt bren i synfyfyrio a gwrando'r ieir yn clwcian drws nesa. Efallai yr arhosa i'n ddigon hir ar adegau i droi'r corddwr yn y tŷ llaeth, i gael tro ar y siglen a reid ar y drol o'r cae gwair. Ac efallai yr a' i cyn belled ag ogofeydd yr hen waith haearn ar y Foel, lle'r oedd pyllau bach yn un llanast o liwiau a dŵr yn disgyn fel dafnau gwaed o'r to. Mae yna lwybrau a strydoedd yn y Blaenau y gallwn i 'u cerdded â'm llygaid ynghau, ond yr un sy'n fy nenu i amlaf ydi'r ffordd rhwng ein tŷ ni a chapel Maenofferen. Yr un ffordd y byddwn i'n 'i dilyn i'r ysgol, ond fel roedd hi ar ddydd Sul yr ydw i'n 'i chofio—tawelwch llethol y stryd fawr y bydden ni'n 'i chroesi heb orfod edrych i dde na chwith; drysau'n agor o boptu i Stryd Glynllifon a phobol yn 'u dillad gorau yn camu allan; llyfrau emynau a detholiadau mewn dwylo a phres casgliad yn clincian mewn pocedi; y lleisiau donfeydd yn is na'r lleisiau-bob-dydd; y cerdded yn barchus, hamddenol, mor wahanol i ruthro wythnos waith.

Ond teithiau byr, gwibiog fyddan nhw i gyd, drwy gyfrwng y cof yn unig. Does gen i ddim hawl rhoi 'nhroed ar dir y Garreg Fawr bellach. Mae capel Maenofferen wedi'i chwalu ers blynyddoedd, a phobol ddiarth sy'n byw yn tŷ ni. Peth cwbwl ofer fyddai ceisio mynd yn ôl i ddilyn y daith honno, gan nad oes iddi bellach na man cychwyn na nod i gyrraedd ato.

Darnau o'r 'ers talwm' ydyn nhw. Efo'r bobol ac yn y mannau yma y bu dechreuad pethau. Nhw sydd wedi fy ngwneud i yr hyn ydw i. Er fy mod i mor gyndyn o edrych dros fy ysgwydd mae'n rhaid i mi wrthyn nhw, o dro i dro. A rŵan, mi ga i'u rhoi nhw'n ôl yn y storws a chamu ymlaen, am ryw hyd eto.

2

Fe fyddai rhai athrawon, ysgol a choleg, flynyddoedd yn ôl, yn rhoi'r disgyblion a'r myfyrwyr ar waith i ysgrifennu cerdd neu ddarn o ryddiaith yn null rhyw lenor arbennig. Efallai y gellid dadlau fod hynny'n arbrawf digon diddorol, ond roedd o, hefyd, yn ymarfer peryglus iawn, ac rydw i'n gobeithio'n fawr nad oes yna neb yn gofyn y fath beth erbyn heddiw.

Rydw i gant y cant dros i rai o bob oed ddarllen gymaint ag sy'n bosibl, yn Gymraeg a Saesneg ac, os oes ganddyn nhw ddiddordeb pellach, astudio crefft ac arddull. Ond mae'n holl bwysig fod pob cyw o awdur yn meithrin ei arddull, a'i harddull, 'i hun. Wrth feirniadu, am y llais unigryw y bydda i'n chwilio bob amser, nid ailbobiad o waith awdur arall, waeth pa mor lwyddiannus fydd hynny.

Pan fydd rhywun yn dechrau mynd ati i ysgrifennu, mae'n ddigon naturiol 'i fod o neu hi yn tueddu i ddynwared. Mae gan bob un ohonom ein hoff awduron, rhai yr ydan ni'n edmygu'u gweithiau ac yn dychwelyd atyn nhw, dro ar ôl tro. Ond fe ddylai'r hualau hynny gael eu taflu o'r neilltu gynted ag sy'n bosibl, gan fod perygl iddyn nhw fygu egni a dychymyg creadigol.

Mae yna amryw o awduron, yn feirdd a llenorion rhyddiaith, wedi dylanwadu arna i yn ystod y blynyddoedd, wedi deffro synhwyrau a theimladau ac wedi ysgogi'r meddwl. Ond dydw i ddim yn credu fod yr un ohonyn nhw wedi dylanwadu ar fy null i o ysgrifennu, na'r hyn yr ydw i'n ysgrifennu amdano. Rydw i'n ddigon styfnig i fynnu cael dewis fy themâu fy hun a'u cyfleu yn fy ffordd fy hun gan ddweud, 'Fel hyn yr ydw i'n 'i gweld hi' ac nid 'Fel hyn mae pethau'.

Mae'n debyg mai'r apêl bersonol yn hytrach na'r gwerth llenyddol sy'n peri fod rhai llinellau a brawddegau'n cydio ac yn aros. Ond mae'r mynegiant lawn cyn bwysiced â'r cynnwys, gan fod gofyn iddyn nhw apelio at y meddwl yn ogystal â'r synhwyrau.

Petai rhywun yn fy ngorfodi i enwi fy arwr o fardd, mi fyddwn i'n 'i chael hi'n anodd dewis rhwng Gwenallt a Parry-Williams. Fe alla i agor unrhyw un o'u cyfrolau a chael yr un wefr bob tro.

Cerdd 'Y Meirwon' o gyfrol Gwenallt, *Eples*, ydi un o'r ffefrynnau mwyaf, os mai 'ffefryn' ydi'r gair priodol i'w ddefnyddio am gerdd sy'n fy ysgwyd i waelod fy mod gyda'i llinellau pwerus. Ynddi, mae Gwenallt yn sôn am galedi ceisio cael dau ben llinyn ynghyd, gormes yr angau sydyn, slei—'y llewpart diwydiannol'—a'r arswyd a'r dicter a lechai yng nghalonnau'r gweithwyr a'u teuluoedd. Ond yr hyn sy'n aros ar waelod y cof ydi dewrder y gwragedd a adawyd yn weddwon, y gymdogaeth glòs, ddiddosbarth, ac urddas a mawredd dynoliaeth yn ei amlygu'i hun drwy'r aberth a'r dioddefaint.

Mae'r un pŵer i'w deimlo'n y gerdd 'Sir Forgannwg a Sir Gaerfyrddin', sy'n disgrifio'r gof, Tomos Lewis o Dalyllychau, yn tynnu 'ei emyn fel pedol o'r tân', ac yn gweithio i uchafbwynt deifiol yn y pennill olaf drwy feirniadu culni Piwritanaidd a Sosialaeth, fel ei gilydd. Mae'r Groes, meddai, yn rhychwantu'r bywyd cefn gwlad a'r bywyd diwydiannol, yn uno duwioldeb a dyneiddiaeth, 'Ac mae lle i ddwrn Karl Marcs yn Ei Eglwys Ef.'

Rydw i'n cofio dysgu'r gerdd o glod i Gymru, o *Ysgubau'r Awen*, flynyddoedd lawer yn ôl a dotio at sŵn y geiriau ac optimistiaeth y darlun clo o'r iâr a'i chywion. Ond erbyn heddiw, mae'r ddwy soned 'Cymru' a'u geirfa egar, dreisgar—cancr a chrach, putain a thaeog— wedi cymryd 'i lle. Mae'r cysur a ddeilliai o orffennol y gerdd wedi diflannu, a cheir yn y sonedau gri o'r galon ar i ni geisio adfer yr urddas a'r glendid a fu, 'Rhag cywilyddio'r tadau yn eu heirch.'

Mae Parry-Williams yn siarad drosta i, dro ar ôl tro, ac yn peri imi sylweddoli pethau mor bitw ydan ni, er ein gorchest i gyd.

Mae'n gweld ysgerbwd dafad wrth gorlan Rhos Boeth, ei chnawd ar chwâl yn y gwynt ac adar ysglyfaethus yn hofran uwch ei phen. Dyma dy anfarwoldeb di, ferch, meddai. Does gen ti, mwy na'r ddafad, ond gwisg o gnawd am dy esgyrn, a dyma fydd dy ddiwedd dithau, 'Heb neb yn gofyn i'r pedwar gwynt:/P'le mae'r storm o gnawd a fu iddi gynt?'

Cerdd 'ffansi'r funud', efallai, ond un y dylen ni ein hatgoffa'n hunain ohoni pan fyddwn ni'n mynd yn rhy fawr i'n sgidiau. Gweld ei hun yn dduw bach yr oedd Parry-Williams wrth iddo sefyll ar gopa'r Wyddfa a phowlio carreg i lawr y llethr. Gwylio honno'n mynd â mân gerrig i'w chanlyn a sylweddoli, wrth iddi ddiflannu, 'Nad oeddwn dduw—mai'r garreg oeddwn i.'

Mae'r gwendidau sylfaenol yma i gyd—y twyllo byw, fel Haf Bach Mihangel, yr anwadalwch sy'n rhan ohonof innau, yr ofnau a'r euogrwydd. Ond mae yma hefyd gysur deuoliaeth 'Dau Hanner' a dihangfa'r 'drydedd nef' i un sy'n cael ei rwygo rhwng yr awydd a'r anallu i gredu a derbyn, yr estron sy'n gymysgfa glytiog o'r du a'r gwyn, heb allu honni bod yn bagan na Christion.

A dyna nhw—y ddau fardd y mae eu lluniau, ochr yn ochr, mewn ffrâm ar fur fy ystafell i.

Ond mae yna doreth o gerddi eraill sydd wedi gadael eu hôl arna i; cerddi sydd wedi glynu wrtha i ac yn fy nilyn i bobman. Un o'r rheini ydi cerdd R. Williams Parry i'r 'Gwanwyn', efo'r is-deitl 'Cân y Cigydd'.

Wedi iddo orfod ymgodymu â stranciau'r tarw a'r fuwch, gorchwyl hawdd i'r cigydd ydi lladd yr ŵyn diniwed. Ond pam y dylai deimlo'n euog oherwydd hynny? Cynnig gwasanaeth yn unig y mae, wedi'r cyfan. Mae eironi'r gerdd hon yn cael ei danlinellu yn y cyfuniad o enw ac ansoddair—'difyrrach llafnwaith' lladd yr ŵyn, y 'cnu cyrliog' ar lawr yn y llaid a'r gwaed, a'r Cristnogion yn glafoerio uwchben seigiau melys y cinio Sul ar derfyn eu hwythnos gul.

Dyma'r gerdd sy'n fy mhigo i bob tro y bydda i'n rhoi cyllell mewn darn o gig. Ond mae fy hoffter i ohono wedi profi'n drech na chydwybod. Pan o'n i'n galw i weld Canwy yn ei gartref yn Llan Ffestiniog, mi fyddwn i'n cael fy ngorfodi, yn y dull mwyaf cwrtais, i fwyta rhyw gymysgfa erchyll a oedd wedi'i fwriadu i gymryd lle cig. Mae Williams Parry'n cyfeirio mewn soned at Canwy fel yr hen heddychwr 'na fwyty gig'. Fe wnaeth yntau'i orau i'm darbwyllo, heb geisio gwthio'i syniadau arna i, ond rydw i'n dal i fwynhau'r seigiau, er mawr gywilydd imi, er bod fy ngwaed i'n fferru wrth weld y cyrff yn hongian wrth fachau yn siop y cigydd.

Ond mae bardd yr haf, hefyd, yn cynnig cysur, yn ogystal â phrocio euogrwydd, a dihangfa braf i Eifionydd a'r Lôn Goed. Dau air hyfryta'r gerdd hon ydi 'enaid cytûn', y peth prin, gwerthfawr hwnnw nad ydi o i'w gael ond yn anamal iawn. Dianc y bydda i hefyd, o fyd sy'n gallu bod yn annymunol iawn ar adegau, ac o'r sôn dyddiol yn y newyddion am drais a chreulondeb a dial a gormes, at yr 'Eira ar y Coed'.

Mae Cynan yn cymharu serch rhywiol â stormydd eira, sy'n cyrraedd penllanw ysgytiol. Ac yna, wedi i'r storm gilio ac i'r gwynt dawelu, daw seibiant braf o dawelwch, heb chwa i aflonyddu'r eira. Ac er nad ydi o, mwy na'r mwyafrif ohonom, gobeithio, yn difaru dim am adael i'r nwyd a'r angerdd gael eu rhyddid, yr hyn sy'n aros ydi'r atgof o dynerwch yr un gusan, fel yr eira ar y coed.

Mae'r gerdd hon yn fy atgoffa o'r cyferbyniad rhwng serch a chariad yn *Blodeuwedd*, Saunders Lewis—y serch hwnnw sydd mor danbaid ar y pryd, ond yn fyr ei barhad, a'r cariad sy'n tyfu'n goeden gadarn ac yn gallu gwrthsefyll stormydd oes. Siawns nad oes ar bob un ohonom angen rhywfaint o ramant mewn byd materol fel hwn. Gymaint mwy o werth sydd yna i'r gair 'cariad' nag i'r gair Saesneg 'love', sy'n cael ei ddefnyddio'n rhad a diofal.

Mae'n siŵr fod y rhai ohonoch chi sy'n gyfarwydd â magu plant wedi teimlo'r pwysedd gwaed yn codi sawl tro. Wnes i erioed godi llaw i daro'r un o'r tri—mi fydda hynny wedi brifo llawer mwy arna i—ond rydw i wedi gweld y bliws ganwaith. Ond, drwy'r cyfan, mae'r teimlad greddfol hwnnw yn 'i gwneud hi'n hawdd maddau ac anghofio, ac yn achub rhywun rhag chwerwder dal dig. Rydw i eisoes wedi sôn am Yncl Tom, Garreg Fawr. Dyna welodd o yn ei delyneg 'Wedi'r Frwydr':

> Y tegan bach yn deilchion,
> A gwaed ar ruddiau dau,
> Ac ôl y dagrau'n dduon
> Tan lygaid glas ynghau.
>
> Dau feddwl chwim yn crwydro
> Ym mröydd cyfrin hud,
> Dau ben yn cydorffwyso,
> Dau dafod bach yn fud.
>
> Nid syn i'r fam gusanu
> Y ddau, er maint y gwall,
> Wrth weled un ymladdwr
> A'i fraich am wddf y llall.

Ac am wn i fod y fan yna gystal lle â'r un i adael pethau, am y tro.

3

Un fantais mynd yn hŷn—nid heneiddio—ydi fod rhywun yn ailafael yn y ddawn i ryfeddu. Felly rydw i'n 'i gweld hi, beth bynnag. Mae gwerth ychwanegol i bob diwrnod wrth i rywun ddod yn fwy ymwybodol o ormes amser. Dydi amser a finna erioed wedi bod yn llawiau, ac mae'n gas gen i glociau.

Rydw i'n cofio Phyllis Playter, cydymaith John Cowper Powys, yn dweud ei bod hi, wrth heneiddio, yn teimlo fel petai'n sefyll ar faes brwydr a chyrff o'i chwmpas ym mhobman. Mae gen i dipyn o ffordd i fynd i gyrraedd ei hoed hi, ond mae geiriau Dylan Thomas yn ei gerdd i'w dad yn dod i olygu mwy imi o hyd:

> Do not go gentle into that sweet night,
> Old age should burn and rave at close of day:
> Rage, rage against the dying of the light.

Ac mae i 'ni chaiff' pendant I. D. Hooson fwy o rym ac arwyddocâd nag erioed wrth iddo roi mynegiant i'w ddymuniad o gael rhoi ei gorff i'r tân a'i lwch i ofal y gwynt. Ond dyna ddigon o sôn am ddiwedd pethau. Mae heddiw'n fyw o'n cwmpas ni, ac yn llawn gwŷrthiau. A does yna'r un gerdd wedi talu gwell teyrnged i ryfeddodau'r Cread nag emyn Rhys Nicholas, 'Pantyfedwen'. Petai gofyn imi ddewis yr un gerdd sydd wedi dylanwadu fwyaf arna i, hon fyddai hi. Mae hi'n gyrru ias i lawr asgwrn fy nghefn, yn gwneud imi deimlo'n benysgafn, ac yn chwalu pob cwmwl, dros dro o leia.

> Tydi a wnaeth y wyrth, O! Grist, Fab Duw,
> Tydi a roddaist imi flas ar fyw;
> Fe gydiaist ynof trwy dy Ysbryd Glân,
> Ni allaf, tra bwyf byw, ond canu'r gân . . .
>
> Tydi yw haul fy nydd, O! Grist y Groes,
> Yr wyt yn harddu holl orwelion f'oes;
> Lle'r oedd cysgodion nos mae llif y wawr,
> Lle'r oeddwn gynt yn ddall, 'r wy'n gweld yn awr;
> Mae golau imi yn dy berson hael,
> Penllanw fy ngorfoledd yw dy gael;
> Mae'r Haleliwia yn fy enaid i
> A rhoddaf, Iesu, fy mawrhad i Ti.

Mae yna un llyfr sy'n cynnig ateb i bob cwestiwn, pa un a ydan ni'n fodlon derbyn hynny ai peidio; un sy'n haeddu cael ei alw'n Llyfr y Bywyd. Deunydd at arholiadau oedd ynddo fo i mi ar un adeg—Ysgrythur yr ysgol, Arholiad Sirol y Methodistiaid ac Efrydiau Beibl-aidd, Bangor. Do'n i fawr feddwl y byddwn i, un diwrnod, yn tynnu o'r stôr honno ar gyfer Hannah Mary, Minafon.

Ni fu erioed lyfr mor onest â hwn. Nid duwiau bach gewch chi yma, na seintiau'r cofiannau, ond pobol feidrol, yn gwylltio ac yn cecru, yn celwydda, yn twyllo a dinistrio. Ond mae yma hefyd dosturi a maddeuant, ffyddlondeb a chariad. Mae popeth sy'n cael ei ddweud wedi'i ddweud yn hwn, mewn rhyw fodd neu'i gilydd, a phob gwirionedd sy'n cael ei fynegi wedi'i grynhoi'n dwt mewn dihareb a dameg. Mae o'n apelio at y meddwl a'r galon, yn corddi'r emosiynau ac yn rhoi min ar y synhwyrau. Ceir y cyfan yma, mewn barddoniaeth a rhyddiaith, yn delynegion a phryddestau, storïau byrion a dramâu.

Anamal y bydda i'n ymroi ati i ysgrifennu barddoniaeth. Rhyddiaith, a deialog yn arbennig, sy'n mynd â 'mryd i. Ond efallai ein bod ni'n

gwneud gormod o'r gwahaniaeth rhwng cyfrwng rhyddiaith a chyfrwng
barddoniaeth a'i bod hi'n bryd uno'r enwadau. Geiriau ydi'r deunydd
crai, wedi'r cwbwl, a'r ddawn i'w trin nhw ydi'r maen prawf, waeth
beth fo'r cyfrwng.

Fe gyfeiriodd Islwyn Ffowc Elis at ddynion fel 'rhyddiaith' y Cread a
merched fel ei 'farddoniaeth'. Beth bynnag am hynny, ffîn denau iawn
sydd rhwng y ddau yn ysgrifau *Cyn Oeri'r Gwaed*. O dan orfodaeth y bu i
mi fynd ati i ddarllen y gyfrol, gan ei bod hi'n un o lyfrau gosod Lefel A.
Ond o ddewis y darllenais i hi, drosodd a throsodd, a gwirioni'n llwyr
ar y defnydd unigryw o ansoddeiriau a berfau. Mae'r geiriau'n dal i
ganu'n fy nghof, fel melodi un o'r ysgrifau—

> Gwefusau *nwydus* Pantycelyn; pum mlynedd *meddwol* dyddiau Bangor;
> peswch *gofalus* y dandiaid yng nghyntedd y theatr; y ffordd yn *chwysu* tar;
> clogwyni Craig y Pandy'n *breuo'n* ddistaw; y myneich yn *udo'u* gweddïau
> *llwydion* ar awr weddi ola'r nos.

Roedd yna un rhan yr o'n i'n mynnu'i dyfynnu ym mhob ateb, beth
bynnag fyddai'r cwestiwn—rhan o'r ysgrif 'Cyn Mynd'. Sôn y mae'r
awdur am y mannau y byddai'n mynd yn ôl iddyn nhw, petai ganddo
ond mis i fyw. Doedd y syniad ddim yn fy nychryn i'r adeg honno.

Y disgrifiad o gapel Soar oedd wedi mynd â 'mryd i—un o'r blychau
sgwâr llwydion hynny sydd i'w cael ar hyd a lled Cymru. Roedd drws
capel Soar yn cael ei adael yn agored ar nosau o haf ac yntau'n gallu
'gweld llais a chlywed llun'—

> Yr wyf yn dal i weld mynydd yr Olewydd yn y coed drwy'r ffenestr a'r
> Iesu'n dysgu'i ddisgyblion wrth y ffens yn y llwyn. Mae'r Apostol Paul
> gerbron Ffelics yn y Sêt Fawr a Phalesteina'n llond y capel.

Ro'n i'n credu, yr adeg honno, y byddai'n haws addoli mewn lle felly.
Am wn i fy mod i'n dal i gredu hynny.

Mae amryw o 'nghenhedlaeth i, hefyd, yn cofio cyffro darllen *Cysgod
y Cryman* am y tro cyntaf, ac nid fi oedd yr unig un, mae'n siŵr, i syrthio
mewn cariad efo Karl. Chymrais i erioed at Harri Vaughan. Roedd o'n
ormod o ben bach ac o fochyn siofinistaidd (er nad o'n i'n gyfarwydd
â'r term bryd hynny) a fedrwn i'n fy myw ddygymod â Harri newydd *Yn
Ôl i Leifior* chwaith. Ond rydw i'n dal i gofio'r munud hwnnw pan

welais i Karl yn ymestyn am Greta, allan ar y Foel, a'i glywed yn dweud ei fod yn dod i'w hawlio iddo'i hun. O'r diwedd! Dyna'r gusan lenyddol fwya rhamantus a fu erioed.

Mae dwy olygfa arall wedi'u serio ar fy meddwl i—dwy olygfa o'r nofel *Y Wisg Sidan* gan Elena Puw Morgan. Sawl gwaith yr ydw i wedi gweld Mali Tŷ'n-yr-Ogof, heb ei chlocsiau a'i hosanau trwsgwl, a'i gwisg sidan o liw'r gwin amdani, yn sefyll o flaen y drych mawr yn ystafell wely Plas-yr-Allt a breichiau'r Meistr Ifanc yn cau amdani? O, do, fe gafodd Mali ei dymuniad, er iddi orfod talu'n ddrud am hynny. Yna, ymhen blynyddoedd wedyn, a hithau wedi gorfod gwylio Timothy Huws, y Meistr Ifanc yr oedd hi wedi colli'i chalon iddo ddiwrnod y ffair bleser, yn dod â Lili, ei wraig newydd, i'r Plas, ac i bob golwg wedi anghofio popeth am yr un tro hwnnw, mae Mali'n ei gael—bellach yn hen a gwael ac wedi colli'r cyfan—yn eiddo iddi'i hun.

Wedi iddynt gyrraedd bwthyn Saro, yr hen wraig a fu'n ail-wneud y wisg sidan iddi ar gyfer y ffair, a chartref Mali bellach, mae Timothy Huws yn cwyno ei fod yn oer ac eisiau te, a Mali'n addo y bydd yno dân mewn munud. Ond er bod Ezra Jones, y gweinidog, wedi gadael tanwydd sych, nid oes yno bapur i gynnau'r tân. Daw syniad rhyfedd i ben Mali, syniad sy'n peri iddi chwerthin yn uchel. Mae'n rhedeg i nôl ei phecyn ac yn tynnu'r wisg ohono, yna'n cipio siswrn ac yn ei redeg yn wyllt drwy'r sidan.

> Yna taflodd ef yn ddarnau mawr i'r grât. Onid oedd yn briodol mai yng nghartref Saro y deuai diwedd ar y wisg.

Wrth i'r walbon yn y bodis fflamio, nes goleuo'r gegin, mae Mali'n teimlo'n ysgafnach ei chalon nag y bu erioed. Ac yna, i gloi, un o'r brawddegau mwyaf eironig a gafwyd mewn unrhyw nofel erioed.

> Plygodd Timothy Huws ymlaen, gan rythu i'r fflamau. 'Sidan lliw'r gwin', meddai, a'i wyneb yn goleuo. 'Gan bwy y gwelais i ffrog fel yna? Gan Lili mae'n siŵr.'

I mi, dramâu i'w darllen yn hytrach na'u gwylio ydi dramâu Saunders Lewis. Dydw i ddim yn credu y gallai'r un actores fyth fynd o dan groen Blodeuwedd a Siwan a'u cyfleu fel yr ydw i wedi'u gweld nhw. Roedd *Siwan*, hefyd, yn un o lyfrau gosod Lefel A, ac er imi golli golwg ar Karl, dydi 'nheimladau i tuag at Gwilym Brewys wedi oeri dim dros y blynyddoedd. Ond pam Gwilym Brewys, meddach chi? Mae Siwan yn ateb drosta i—am ei fod yn cofio blas pethau, y blas hwnnw sy'n darfod mor fuan, am fod bywyd iddo'n antur a'i fod yn gallu chwerthin yn wyneb perygl, ac am ei fod o fewn ei gallu hi i roi iddo'i funudau o orfoledd.

Hwn ydi'r 'llanc tragwyddol' a gafodd ei grogi, gan 'neidio i'w dranc'. A fydda i byth yn blino dychwelyd at Llywelyn a Siwan, wedi'r flwyddyn o garchar, i'r act olaf bwerus honno lle mae'r ddau'n estyn breichiau at ei gilydd. Llywelyn, yr 'hen ŵr sy'n fwy o sefydliad nag o ddynoliaeth', 'y gwleidydd yn y gwely' a Siwan, y wraig, onest, ddewr a roddodd ei chroth i wleidyddiaeth, ond a fentrodd daflu baich brenhines o'r neilltu am un noson, a hynny'n gwbwl fwriadol.

Mae yna sawl golygfa arall wedi'u serio ar fy meddwl i—o storïau Katherine Mansfield a Jean Rhys a William Trevor, *Tŷ Dol*, Ibsen a *Miss Julia*, Strinberg—y cyfan yn dal mor danbaid â phan welais i nhw am y tro cyntaf, a minnau'n cael mwy o wefr ynddyn nhw o hyd, wrth i'r 'blas ar fyw' gryfhau.

4

Rydw i eisoes wedi cyfaddef nad oes yna fawr o gariad rhwng amser a minnau. Sut medrwch chi fod ar delerau efo rhywbeth sy'n cael y llaw uchaf arnoch chi, bob tro? Er fy mod i'n ymdrechu'n galed, does dim modd dal i fyny efo fo. Mae'r oriawr 'ma sydd gen i'n blagus tu hwnt, gan 'i bod hi'n gwneud sŵn bach rhybuddiol ar ben bob awr ac yn f'atgoffa i o'r oriau sydd wedi mynd i ddifancoll. Mi fydda i'n anelu i ddechrau gweithio am naw ond, a minnau dan yr argraff mai newydd fynd ati yr ydw i, mae hon wedi canu deirgwaith, a bora cyfan drosodd. A pheth mwy plagus fyth ydi'r ffaith nad oes gen i unrhyw syniad sut i roi taw arni hi. Alla i ddim diodda clociau'n tician. Pan fyddai 'nhad yn galw heibio, mi fyddai'n arferiad ganddo fo weindio'r ychydig glociau oedd o gwmpas y tŷ ac mi fyddwn innau, wedi iddo adael, yn eu cuddio nhw o dan drwch o ddillad yn y cwpwrdd a chau arnyn nhw.

Mae'n siŵr fy mod i wedi gweld amser yn llusgo ac wedi deisyfu f'oes, ar un adeg, wrth edrych ymlaen at wyliau a thrip Ysgol Sul, neu aros canlyniad arholiad. Ond ddim rŵan. Yr hyn fyddwn i'n hoffi'i gael yn anrheg fyddai cwpwl o oriau ychwanegol bob dydd. Ond waeth imi ofyn am y lleuad ddim.

Mae bod o dan fawd amser yn dylanwadu arna i ac yn dueddol o 'ngwneud i'n ddiamynedd iawn ar adegau, yn enwedig mewn tref fel Llandudno yn ystod tymor yr haf, pan mae pobol na wyddan nhw ar y ddaear be i'w wneud efo'u hamser yn cerdded dow-dow o 'mlaen i neu'n sefyll yn stond yn fy llwybr. A does 'na ddim byd gwaeth, wedi i rywun fynd fel cath i gythral o gwmpas un o'r archfarchnadoedd, yn llenwi troli ag anghenion byw, na gorfod aros mewn ciw am hydoedd, ac yna llwytho'r cwbwl o un drol i un arall ac o'r ail drol i gist y car cyn powlio honno'n ôl i'r lle priodol.

Peth arall sy'n fy nghynhyrfu i ydi'r bobol hynny nad ydyn nhw byth yn gyrru dros ddeugain milltir yr awr, ac yn arafu i gyflymdra cerdded rownd corneli. Ac ydach chi wedi sylwi fel mae'r bobol yma'n dal i yrru ar bedwar deg milltir yr awr mewn lle tri deg?

Mae'n gas gen i orfod trefnu i gyfarfod rhywun ar amser neilltuol oherwydd, ychydig funudau cyn hynny rydw i'n siŵr o weld rhywbeth tu hwnt o ddiddorol ac un ai'n gorfod mynd a'i adael neu fentro bod yn hwyr a chael pryd o dafod. Ydi, mae arna i ofn fod amser, neu ei ddiffyg o yn hytrach, yn tynnu'r gwaetha allan ohona i.

Pan fydd rhywun yn gofyn imi pa bryd y cychwynnais i ar ryw daith neu'i gilydd, neu pa bryd y bu imi gyrraedd y pen draw, does gen i ddim clem. A phan fyddan nhw'n dweud, 'On'd oedd hi'n oer neu'n boeth neu'n wlyb ar y diwrnod a'r diwrnod', mi fydda i'n cytuno, er mwyn cael llonydd. Ond y gwir ydi nad oes gen i unrhyw gof sut ddiwrnod oedd o, er fy mod i'n ymwybodol iawn, ar y pryd, o'r oerni neu'r gwres neu'r gwlybaniaeth. Mae 'nhraed i'n o sownd yn y ddaear, a dydi 'mhen i ddim mor bell â hynny oddi wrthi chwaith. Ac mae'r tywydd yn dylanwadu arna i, gorff a meddwl.

Rydw i'n bagan go iawn cyn belled ag y mae haul yn y cwestiwn. Oni bai am y ddisgyblaeth yr ydw i wedi'i gorfodi arna i fy hun yn ystod diwrnod gwaith, mi fyddwn i allan efo fo, o fora tan nos. Nid yn sbecian arno o'r cysgodion chwaith, ond allan yn 'i ganol. Mae gorfod edrych arno fo drwy ffenestr yn boen, ac mae'n bechod gen i orfod 'i wastraffu a ninnau'n cael cyn lleied ohono. Rydw i'n dotio'n llwyr at 'i nerth a'i bŵer mawr o.

Ond codi ofn arna i mae nerth y gwynt. Mi all rhywun weld yr haul, a gwybod i fod o yno, ond does yna neb ond mochyn yn gallu gweld y gwynt, meddan nhw. Dyna sy'n 'i wneud o'n beth mor gyfrwys, mor dwyllodrus ac mor fileinig. Dinistrio ydi dawn fawr hwn. Ac fe lwyddodd, un mis Ionawr, i falu'n carafán ni'n shitrwns a'i gyrru hi ar ddisberod. Mae'n anodd maddau iddo fo am ddangos 'i orchest a'i oruchafiaeth mewn ffordd mor dan din, a hynny heb reswm yn y byd.

Pan fydda i'n 'i glywed o ar 'i waetha y cwbwl ydw i eisiau'i wneud ydi mynd i gornel i swatio, fel y byddai Nel, yr ast fach o sbaniel, yn 'i wneud ar storm. Fe alla i ddweud i'r dim pan fydd storm ar 'i ffordd. Mae'r cur yn dechrau ar dop fy mhen i, fel petai rhywun wedi rhoi cyfrolau trwchus i orffwyso, un ar ben y llall, arno fo. Mi fyddwn i'n mwynhau edrych ar y mellt yn fforchio, ers talwm. Storm oedd storm, a dyna'r cwbwl. Ond mae rhywun, wrth fynd yn hŷn, a'r ofnau'n glynu fel caci mwnci, yn gweld ynddi hi fygythiad o rywbeth gwaeth i ddod.

Dydi cawod o law yn cael fawr o effaith arna i, ond mae dyddiau ohono fo'n fy ngyrru i'r felan. Os nad ydi hi'n glawio pan fydda i'n gadael y tŷ, fydda i byth yn meddwl mynd â chôt law nac ambarél i 'nghanlyn. Mae'n siŵr y byddech chi'n disgwyl gwell gan rywun wedi'i magu'n y Blaenau, ond dda gen i na chôt nac ambarél, na menyg na het, a fydda i byth yn defnyddio'r un ohonyn nhw os galla i beidio.

Yn ôl i ddechreuad pethau y bydda i'n mynd wrth feddwl am yr elfennau. 'Morus y gwynt ac Ifan y glaw/Daflodd fy het i ganol y baw', a'r gân fach hyfryd sy'n diweddu â'r pennill,

> Morus y gwynt, i ble'r wyt ti'n mynd?
> I sychu dagrau Ifan fy ffrind;
> I'w ddwyn ar fy march ymhell dros y bryn
> I'w wely plu yn y cwmwl gwyn
> Lle daw'r haul i wau â'i euraid law
> Ei fwa dros wely Ifan y glaw.

Ac wrth syllu'n addolgar ar yr haul, mi fydda i'n cofio'r llinell y byddai 'nhad yn 'i dweud yn amal, 'Mae haul melyn Mochras yn twynnu ar y fuchas'.

Ydach chi'n cofio un o chwedlau Aesop sy'n disgrifio cystadleuaeth rhwng y gwynt a'r haul? Methu gorfodi'r dyn i dynnu'i gôt wnaeth y gwynt, ond unwaith y dechreuodd yr haul ddefnyddio'i nerth, roedd y gôt i ffwrdd. Mae'r chwedl yna wrth fy modd i!

Ond yn y gystadleuaeth rhwng y gwynt a'r glaw ym myd dynion, y gwynt sy'n trechu, bron bob tro. Mae nifer y bobol y gallwch chi ymddiried ynddyn nhw yn mynd yn llai ac yn llai. Pa bleser, mewn difri, mae rhywun yn 'i gael o ddweud celwydd bwriadol, a thwyllo, a siarad yng nghefn? Mae bod yn dyst i hyn i gyd wedi cael dylanwad ysgytiol ar fy ymateb i i fywyd. On'd ydi o'n beth trist fod pobol, a ddylai wybod yn well, yn ymostwng i'r fath lefel, a bod y diniweidrwydd cynnar yn cael 'i lygru a'i stumio, er mwyn sylweddoli rhyw uchelgais y rhan amlaf. Rydan ni'n clywed digon am drais a chreulondeb corfforol, ond mae'r tafod hefyd, yn arf peryglus iawn a geiriau'n gallu dolurio a dinistrio,

> Cofio teimlo'r llaw yn tasgu,
> Cofio teimlo'r geiriau'n brathu;
> Oddi ar gnawd fe giliai'r cleisiau,
> Ond arhosai brath y geiriau.

Mae hel a thaenu straeon yr un mor beryglus, a'r belen fach yn tyfu'n gaseg eira wrth i bobol gamddehongli ac ychwanegu er mwyn effaith. Does 'na byth dda'n dod o fân siarad. Fe dalai inni i gyd gofio am y brycheuyn a'r trawst, y tri bys sy'n cyfeirio'n ôl wrth i'r un bys bwyntio, a'r gwirioneddau y llwyddodd Sarnicol i'w cyfleu mor effeithiol yn ei gyfrol *Blodau'r Drain Duon*—

> Gwell iti atal dy law;
> Does undyn na wêl yn glir
> Fod y neb sy'n lluchio baw
> Yn colli tir.

> neu

> Pan synio dyn ei fod yn fawr
> Mae'n dechrau mynd yn llai;
> Ac er ei waeth yr â o'r awr
> Y tybia'i fod heb fai.

Un o'r pethau a effeithiodd fwya arna i erioed oedd yr hyn ddigwyddodd pan o'n i'n yr ysgol fach yn y Blaenau. Roedd canlyniadau'r

Scholarship newydd gyrraedd a ninnau wedi cael ein gosod i sefyll yn rhes, yn ôl trefn teilyngdod. Un yn unig oedd wedi methu ac fe'i rhoddwyd i sefyll ar 'i phen 'i hun, a bwlch rhyngddi a'r gweddill. Ro'n i eisiau rhedeg ati a'i thynnu i mewn i'r rhes, ond roedd llygaid yr athrawes yn gwanu imi, fel dau bigyn dur. Fuo gen i erioed fawr o gariad at yr ysgol honno, ond wedi'r profiad hwnnw roedd yn dda gen i gael troi 'nghefn arni, am byth. Dyna pam, yn fwy na dim, y mae mor gas gen i annhegwch a ffafriaeth o unrhyw fath.

A dyna rai o'r pethau sy'n pigo ac yn rhygnu ac yn rhoi blas drwg ar fy ngheg i. Ond, drwy drugaredd, mae'r haul yn drech weithiau,

> Yng nghôl yr anialwch, ym mwrllwch y tes,
> Mae gwerddon dan balmwydd yn gysgod rhag gwres;
> Wrth ystlys y danad' a'u brathiad ar groen,
> Ceir llwyn o ddail tafol yn eli i'r boen.

Mae'r trysorau bach a ddaw'n ei sgil—gwên a chyffyrddiad, gair caredig a gwerthfawrogiad—yn sbardun i rywun ddal ymlaen oherwydd, wedi'r cyfan, 'yn y manion mae einioes'.

5

Mae'r elfen gystadlu yn fy ngwaed i, yn gymysg â'r inc. A pha ryfedd? Pan oedd yr eisteddfodau'n eu bri, roedd Mam a 'nhad yn cystadlu'n erbyn ei gilydd ar y brif adroddiad a'r naill neu'r llall yn ennill, bron bob tro. Roedd hynny cyn fy amser i. Ond mae gen i gof clir o weld Dad yn cychwyn i'w deithiau ar hyd a lled Cymru efo Parti Prysor. Fo oedd yr arweinydd, ac roedd ganddo stôr ddihysbydd o storïau digri, am bob dim o dan haul. Dyna un ddawn na fu i mi ei hetifeddu, beth bynnag. Fedra i gofio'r un jôc 'taech chi'n talu imi.

Ond mae rhannau o'r adroddiadau'n gwibio drwy fy meddwl i'n amal—llinellau o 'Cadair Tregaron', 'Y Dyrfa', 'Mab y Bwthyn' a 'Penyd'. Roedd gan y ddau gof fel lastig, ac iddyn nhw yr ydw i i ddiolch am y gallu sydd gen i i storio geiriau.

Roedden ni'n tri byth a hefyd yn cynnal cystadlaethau o bob math, a phob nos Nadolig roedd ganddon ni gyngerdd yn tŷ ni. Fe fydden ni wrthi am ddyddiau yn paratoi, yn ysgrifennu penillion digri a difrifol, dramâu byrion a chwisiau, ac fe âi'r cyngerdd ymlaen am oriau. Ond eitem gwneud triciau Dad oedd yr uchafbwynt. Anghofia i byth mohono'n bwyta canhwyllau un Dolig! Ro'n i wedi fy 'nghyfareddu'n llwyr ac yn credu'n siŵr fy mod i wedi gweld gwyrth.

Fe fyddai'r ddau'n trefnu nosweithiau llawen yn y Gymdeithas yng nghapel Maenofferen a chystadlaethau llunio ewyllys a llinellau coll, brawddeg o air a chodi papur o het. Yr aelwyd a'r capel oedd eu byd nhw a fi, fel ro'n i, oedd canolbwynt y byd hwnnw. Mae'r cwbwl yn edrych mor bell yn ôl erbyn hyn, ond yno, yn sicr, y bu'r dylanwadau cynnar ar eu cryfaf.

Rhyw chwech oed o'n i pan ddechreuais i roi geiriau ar bapur—gweiddi i lawr o'r gwely, nid am ddiod o ddŵr, ond am bapur a phensel. Dydw i'n cofio fawr o'r toreth penillion, ar wahân i bennill olaf y gân i'r ffair fyddai'n ymweld â'r Blaenau bob haf. Fe allen ni glywed 'i synau hi'n blaen, gan fod y stondinau a'r siglenni a'r meri-go-rownd dros yr afon i'n tŷ ni—

> Pan â y ffair i ffwrdd o'r dre
> Bydd y mamau'n diolch a diolch i'r ne';
> Ni fydd mwy o swnian ar y plant yn awr,
> Bydd y ffair ymhell cyn toriad y wawr.

Fedrwn i'n fy myw gael gafael ar ddigon o lyfrau. Ro'n i wedi bod drwy hynny o lyfrau Cymraeg oedd ar gael, sawl tro—*Teulu Bach Nantoer*, *Llyfr Mawr y Plant*, *Cit a Sioned*, llyfrau Tegla a Meuryn a Joseff Jenkins. Ond mae'n rhaid i mi gyfaddef mai Enid Blyton oedd y ffefryn mawr. Mi fyddwn i'n dod adra o lyfrgell y Blaenau amal i nos Wener yn crio am fod rhywun wedi achub y blaen arna i a'r llyfr yr o'n i wedi rhoi 'mryd arno wedi diflannu oddi ar y silff. Roedd cael fy nwylo ar un o gyfresi'r *Secret Seven* neu *St. Clares* neu *Malory Towers* yn uchafbwynt yr wythnos. Wrth imi glirio ystafell dro'n ôl, mi ddois i o hyd i gopi o *House at the Corner* ac ôl bodio helaeth arno fo. Hwnnw oedd *y* llyfr. Ac o hyn ymlaen, mi fydd iddo le anrhydeddus ar y silff efo'r clasuron hynny sydd wedi profi'u gwerth drwy oroesi amser.

Â'r elfen gystadleuol yn fy ngwaed, unwaith yr o'n i wedi dechrau cael blas doedd 'na ddim dal arna i. Yna, pan o'n i'n y Brifysgol ym Mangor, mi fentrais anfon nofel i Eisteddfod Genedlaethol Caernarfon.

Ennill, o dan feirniadaeth Islwyn Ffowc Elis, yn y fan honno oedd y
sbardun cyntaf, a'r pwysicaf. Ac er bod derbyn y copi cyntaf o unrhyw
gyfrol yn wefr, does yna'r un wedi golygu llawn cymaint â'r copi cyntaf
o *Brynhyfryd*. Ro'n i, erbyn hynny, wedi sylweddoli nad peth i'w godi a'i
roi o'r neilltu yn ôl y mympwy oedd llenydda i mi, ond rhywbeth na
allwn i fyw hebddo. Ond do'n i fawr feddwl, ar y pryd, gymaint o
fwynhad fyddwn i'n 'i gael ohono.

Mae pethau wedi bod yn ddigon anodd ar adegau, ac rydw i wedi cael
fy nhemtio i roi'r gorau iddi, fwy nag unwaith. Mi fydda i'n teimlo, o
dro i dro, yr hoffwn i gael amser i grwydro a swmera, yn enwedig pan
fydd yr haul ar 'i anterth. Ond rydw i'n dal i ysgrifennu, am y rheswm
syml na alla i beidio. Siawns nad ydi hwnnw gystal rheswm â'r un.

Mewn pobol y mae 'niddordeb i, yn arbennig—a dyfynnu Magi Goch,
Minafon—mewn dod i wybod be sy'n gwneud iddyn nhw dician. Y
glust, yn hytrach na'r llygad, sy'n fy arwain i; dull pobol o siarad, eu
rhythmau nhw, pob un yn wahanol, a'r bersonoliaeth sy'n ei hamlygu'i
hun drwy'r geiriau a'r mynegiant. Ac er mwyn dod i wybod, mae'n
rhaid i rywun fod yn gyson ymwybodol o'r byd o'i gwmpas. Does gen i
ddim gymaint â hynny o ddiddordeb yn y byd mawr. Dydi hwnnw,
wedi'r cyfan, ond yn adlewyrchiad o'r byd bach, ar raddfa eangach.
'Dyn yw dyn ar bob cyfandir/Dyn yw dyn o oes i oes.'

Fe gewch chi rai'n sôn am ryw 'oes aur' yn y gorffennol; yn delfrydu'r
hyn a fu. Ond mae pob oes yn oes aur i rywun, ac fe welwch chi'n amal
fod cyfnod delfrydol un wedi bod yn gyfnod crintach iawn i un arall.
Rhyw gymysgfa felly gewch chi ym mhob oes ac ym mhob cyfnod.

Rydw i wrthi ar hyn o bryd yn ysgrifennu cyfrol o hanes llofruddiaethau
yng Ngogledd Cymru rhwng 1830 ac 1916. Mae rhai ohonyn nhw'n
ddigon erchyll, ond yr hyn sy'n fy nharo i ydi'r tlodi affwysol sy'n
gefndir i bob un o'r hanesion. Diddordeb seicolegol sydd gen i ynddyn
nhw—nid y *pwy* a'r *sut*, ond *pam*, ac mae misoedd o ddarllen drwy hen
bapurau wedi bod yn agoriad llygad imi. Mae gen i rywfaint o gydym-
deimlad hyd yn oed efo'r adyn mwyaf yn eu plith. Peth cwbl annheg
ydi barnu heb wybod y ffeithiau a chollfarnu heb geisio deall. Mae'r ffin
rhwng cariad a chasineb mor denau, ac mae gofyn inni i gyd ddiolch,
beth bynnag ydi'n cred ni, am y gras ataliol.

Ond mae'n bryd imi ddod i lawr o'r bocs sebon. Nid pregethu na
moesoli ydi f'amcan i, dim ond dangos pobol yn eu dillad Sul a'u dillad

gwaith; yr angel pen ffordd a'r diawl pen pentan. Codi'r caead oddi ar benglog a cheisio deall sut y mae'r meddwl cymhleth yn gweithio; agor drysau'r galon i ddilyn trywydd y teimladau sy'n corddi ym mhob un ohonom—gobaith, siom, uchelgais, anobaith, cariad, casineb, cenfigen, dicter, tosturi. A cheisio gweld, hefyd, sut y mae pobol yn ymdopi â'r byd o'u cwmpas, yn gorchfygu drafftiau bach plagus y mân broblemau ac yn brwydro'n erbyn y gwynt dinistriol.

I wneud hynny, mae'n rhaid bod yn barod i newid meddwl a chwalu rhagfarn, a derbyn o'r newydd. Mae'r pethau mwyaf annisgwyl yn gallu dylanwadu ar rywun. Dal edrychiad dieithryn ar y stryd, efallai, neu glywed pwt o sgwrs heb iddi na dechrau na diwedd; cip sydyn drwy ffenestr y car a'r darlun yn aros, wedi i'r siwrnai ddod i ben; oerni llais; c'nesrwydd cyffyrddiad.

Rydw i wedi rhoi cynnig ar bob math o gyfryngau dros y blynyddoedd, yn ysgrifau a sgyrsiau, storïau a nofelau, dramâu radio a llwyfan a theledu, rhaglenni radio i blant a pheth barddoniaeth hyd yn oed, ond mae yna un peth na 'sgrifenna i byth mohono, a hunangofiant ydi hwnnw. Pe bawn i'n ceisio llunio un, rhywbeth annigonol iawn fyddai o reidrwydd. Oherwydd mae yna stôr o brofiadau na fynnwn i mo'u rhannu, byth.

> Mae gennyf ystafell
> Na chenfydd y byd,
> Ac ynddi y cloaf
> A garaf i gyd.

Mae gan bob un ohonom hawl i'r ystafell honno.

Dydw i wedi sôn dim am Llew na'r plant, y dylanwadau mwyaf sydd wedi bod arna i yn ystod chwarter canrif. Roedd hi'n ddigon anodd sôn am Mam a 'nhad, er bod pellter amser wedi gwneud hynny fymryn yn haws. Ro'n i eisiau dweud fel y bu imi fynd â chetyn a baco Dad i'r ysbyty, yn ysu am 'i weld o'n tanio, ar waetha'r rheolau, ac fel y bu imi eu cario nhw, a manion eraill yn ôl adra trannoeth. O, ia, 'yn y manion mae einioes'. Ro'n i eisiau sôn am yr effaith a gafodd gweld Mam yn colli blas ar fyw arna i a'r profiad ysgytiol o orfod 'i gollwng cyn iddi fynd. Ond fedra i ddweud dim mwy.

Nid yr un ydi'r cof a'r 'ystafell na chenfydd y byd'. Y trysorau sydd yn honno; yr eiliadau tragwyddol, y munudau parhaol a'r oriau mawr.

Mae yn y cof bethau y byddwn i'n dymuno eu hanghofio, ond sy'n glynu yno ac yn mynnu codi i'r wyneb weithiau. Fyddwn i ddim yn dymuno sôn mwy nag sydd raid am y rheini chwaith. Ond yno, hefyd, mae'r dylanwadau a fu—Anti Lisi ac Yncl John a Nain Picton Teras a Tegla; y Garreg Fawr a'r ffordd i gapel Maenofferen. Ac o'r cof hwnnw y mae'r llinellau a'r brawddegau'n tarddu, yn ffrydiau o eiriau pwerus nad ydyn nhw'n colli dim o'u nerth.

Ond mae'r dylanwadau'n parhau, a rhai newydd yn cael eu geni o hyd. Y rheini sy'n rhoi blas ar fyw, yn fy sigo i weithiau ac yn fy nghodi i dro arall. Ac mi fyddan yn dal i allu gwneud hynny tra bo'r meddwl fel clai, y dychymyg yn llifo, y synhwyrau'n finiog a'r llwybrau bach dirgelaidd i'r galon yn agored i gyd.

Gwyn Thomas

Llun: Arvid Parry Jones

Gwyn Thomas

Lle

Y lle y ganwyd fi ynddo fo ydi Tanygrisiau, yn nhŷ capel Carmel, addoldy'r Annibynwyr, a hynny yn 1936. Er nad ydi Tanygrisiau ddim ond rhyw filltir go lew o dref Blaenau Ffestiniog, yn fy mhlentyndod i roedd milltir yn filltir—yn waith cerdded, neu'n siwrnai stoplyd mewn bŷs go lawn, nid yn chwimiad sydyn mewn car. Er i 'nheulu i fudo i'r Blaenau pan oeddwn i tua'r tair oed 'ma fe fûm i'n teimlo'n gryf mai un o blant Tanygrisiau oeddwn i. Y mae yna, am 'wn i, rywbeth llwythol, hen yn hynny; rhyw deimlad cyntefig at aelwyd sydd i'w gael yn yr ymdeimlad cryf o hawl sydd gan hyd yn oed y rhan fwyaf o anifeiliaid at eu tiriogaethau. Mae yna ddau olwg ar y dynfa yma at le: fe all hi roi rhyw sadrwydd i rywun, ac fe all hi hefyd rwymo rhywun mewn cyfyngder. Rydw i'n credu imi gael y gorau o'r ddau beth: fe fu gen i ryw droedle yn fy hen ardal ar hyd y blynyddoedd, ond rydw i wedi medru bod yn y fan yma a'r fan acw hefyd.

I mi, pobol ydi lle i raddau helaeth iawn, ac y mae hi'n anodd imi feddwl am Danygrisiau na'r Blaenau heb feddwl am bobol. Ond rydw i am geisio gwneud yr amhosib rŵan a sôn bron yn gyfan gwbwl am le a lleoedd.

Creigiau, a dyfroedd, ac awyr: dyna ydi'r pethau sy'n ymwthio gryfaf trwy 'nheimladau i pan fydda i'n meddwl am Danygrisiau a'r Blaenau. Mae garwedd ac ysgithredd creigiau a meini a thomennydd llechi'n galed yn y fro; yn enwedig—fel y mae hi'n digwydd—ar yr hen brif ffordd o Danygrisiau trwy'r Blaenau i'r Manod. Y mae pwysau hen feini a thomennydd gleision efo chi bob cam. Dyna pam na fydda i ddim, hyd heddiw, yn teimlo'n gwbwl gartrefol os na fydda i o fewn golwg craig neu fynydd.

Eu cadernid mawr nhw ydi un ochor i'r creigiau yma: y mae yna ochor arall hefyd, ochor fnafog, fel y byddwn ni'n dweud, ac egr. Yr oedd, ac y mae, chwarelwyr yn wynebu'r garwedd yma bob dydd o'u gwaith. Does dim rhaid ichi ond meddwl pa fath o boen ydi cael talp o lechfaen go fychan yn syrthio ar eich bys i sylweddoli be ydi dyn yn erbyn craig. Mi anafwyd dewyrth i mi, fy Newyrth Llew, yn enbyd iawn yn y chwarel, ac fe fu farw ar ôl dioddef caled—ac er gwaethaf gofal mawr fy modryb. Ac y mae gen i gof ohonof fi fy hun, ar draws y pump oed yma, ar greigan a elwid yn Carreg 'Defaid, yn gollwng talpiau o gerrig go nobl dros lepan craig—fel y ffŵl ag oeddwn i—ac yn sydyn yn fy nghael fy hun ynghanol meini. Mae'n rhaid fy mod i wedi mynd dros yr ochor i ganlyn un o'r cerrig, cael fy nharo'n anymwybodol, a dod ataf fy hun ynghanol pentwr o feini yn waed yr ael. Mi stryffagliais fy ffordd i fyny am ryw hyd, ac yna fe ddaeth Meirionwen, geneth a oedd rai blynyddoedd yn hŷn na mi, a 'nghario i am adref. A phwy a ddaeth i'n cyfarfod ni ar gopa'r gefnen ond fy mam yn llawn pryder gan fod rhywun wedi ei bachu hi i'n tŷ ni a dweud fy mod i wedi syrthio o ben clogwyn.

Mae yna un llinell o hen, hen farddoniaeth Gymraeg sy'n sôn am filwyr yn methu gwneud dim ohoni hi yn erbyn arwr arbennig; ffordd y bardd o ddisgrifio eu hymdrech ydi dweud:

> Llyg a grafal wrth glegyr!
> (Llygod yn crafu ar greigiau)

Wedi fy nghodi mewn lle fel Stiniog, y mae'r llinell yna, o bryd i'w gilydd—nid bob amser, wrth reswm—yn rhoi'n gryf iawn i mi'r syniad o be ydi caledi bywyd yn y byd yma, i bawb ohonom hi, yn y pen draw: rydym ni fel llygod yn crafu ar greigiau.

Wedyn dyna'r dyfroedd. Afonydd digon budron oedd yna yn nhre'r Blaenau ei hun yn f'amser i—roedd yna bob math o 'nialwch yn cael ei daflu iddyn nhw. Yn uwch i fyny na'r dre roedd yna ddyfroedd glanach. Ar ôl glaw mi fedrwn i edrych i fyny at ochor mynydd y Manod a gweld ffrydiau gwynion rhaeadr Pant yr Ynn mewn llif: yn werth eu gweld. Yn Llyn Cwmorthin, yn y mynydd rhwng Tanygrisiau a Chroesor, roedd yna ddyfroedd eglur, eglur a pheryglus, a rwbel llechi'n gorwedd fel siarcs drwyddo fo ger ei lannau. Mi fydda i, o bryd i'w gilydd, yn mynd draw i'r pwll nofio tua Bangor, lle'r ydw i'n byw rŵan. Mae teimlad y dŵr yno ar groen, fel y mae teimlad dŵr y môr ar groen, yn gwbl wahanol i deimlad dŵr mynydd neu ddŵr afon lân. Mae'r dŵr hwnnw gryn dipyn yn oerach, fel arfer, ond y mae o fel sidan ar groen, heb ddim craster o gwbwl ynddo fo. O dan y dŵr roedd o'n beth digon ód gweld y pysgod bach yr oeddem ni'n eu galw nhw'n grethyll yn wibiadau o'ch cwmpas chi, neu'n trio sipian eich traed chi fel y byddech chi'n sefyll ar raean gwaelod pwll. Y mae'r dyfroedd yma yn y fro o hyd, ond y maen nhw bellach hefyd yn ddyfroedd yn fy nghof i. Ac am hynny y maen nhw'n ddyfroedd lled hiraethlon: rydw i'n deall rhywfaint o brofiad yr hen hydd hwnnw yn y Salmau pan oedd o'n brefu ei hiraeth am 'afonydd dyfroedd'.

Mae'n debyg gen i fod pobol nad oes ganddyn nhw ond profiad o fynd trwy Flaenau Ffestiniog ar ddiwrnod dilewyrch neu ddiwrnod o niwl yn meddwl nad oes yna ddim awyr yn y lle. Mae hynny'n brofiad i'r brodorion hefyd—mae mynd trwy niwl rhwng llechweddau hen domennydd llechi'n rhoi ichi'r teimlad eich bod chi wedi eich cloi i mewn. Mi fuasai cael y profiad am hir rywbeth yn debyg i'r profiad clawstroffobig y mae rhywun yn ei gael wrth ddarllen rhai o weithiau'r ysgrifennwr Czech, Franz Kafka. O bopeth yn y byd, niwl sy'n cyfleu digalondid gryfaf i mi, y meddwl wedi ei gau mewn niwl. Ond y mae yna ochor arall i'r lle—ar ddiwrnod clir y mae yna ehangder o awyr yno. Rydw i'n sôn am hyn achos mewn dinas â llawer o adeiladau ynddi hi, colli'r rhyddid hwn o awyr y bydda i'n waeth na dim. Ac y mae yna liwiau fyrdd yn yr awyr, glas sy'n amrywio o fioled yr haf i las oer y gaeaf. Ac y mae yna ddrylliadau o liwiau machlud digon o ryfeddod, fel y mae yna ym Mangor hefyd, o ran hynny.

Yn y lle caled yma roedd dynion wedi darganfod llechi ac wedi medru creu diwydiant ffyniannus o'u cloddio nhw—ffyniannus iawn i'r hen berchnogion. Yr oedd yna droi cerrig yn fara'n digwydd, a hynny yn llythrennol. Mae caniad corn chwarel, atgof pŵl sy'n gymysg â disgrifiad o'r peth gan eraill o sŵn traed tyrfa o chwarelwyr mewn sgidiau hoelion mawr yn atsain ar darmacadam y ffordd ac, yn enwedig, beiriannau yn dal yn bethau cryf yn fy nychymyg i. Wrth grwydro a chymowta—ac yr oeddwn i'n gymowtwr heb fy ail yn fy machgendod—mi fyddwn i a'm ffrindiau'n dod ar draws wagenni difyr, incleiniau a'u rhaffau dur a drymiau mawr a fyddai'n eu gweithio nhw, olwynion enfawr efo cocos neu ddannedd ynddyn nhw i gydio mewn eraill a chreu pwer. Mewn hen weithiau mi fyddai yna weddillion y tu hwnt o ddiddorol o hen beirianweithiau. Mae gen i ddiddordeb, os nad hyfforddiant ymarferol, yng ngweithredu peiriannau a dyfeisgarwch dynion. Dyna pam y mae, o hyd, yn rhoi pleser mawr imi fynd i fynwent geir i smera. A dyna pam y byddem ni, yn hogiau, yn rhoi tro achlysurol trwy iard sgrap a oedd wrth ymyl Stesion London (London, Midland and Scottish Railway Company). Roedd hon yn gallu bod yn llawn rhyfeddodau haearn. Ond doedd mynd yno ddim heb ei beryglon. Mae gen i gof o'r hen berchennog annwyl yn digwydd gweld criw yn ei iard o un tro ac mi glywa i'n glir, y munud yma, y waedd a'u dilynodd nhw fel yr oedden nhw'n sgrialu odd'yno: 'Os dalia i chi yn fa'ma eto, mi gicia i eich tinau chi!' A, wel!

Rydw i wedi sôn am bethau sylfaenol a pharhaol fel creigiau, dyfroedd, ac awyr am y rheswm syml eu bod nhw wedi creu cymaint o argraff arna i wrth imi dyfu i fyny. Roeddwn i mewn lle oedd yn dod â mi i gysylltiad amlwg iawn â'r elfennau hen, y grymusterau mawr naturiol yma—i raddau llawer mwy nag mewn un lle arall yr ydw i wedi byw ynddo fo. Yn y Blaenau mi ellwch chi, mewn nifer da o dai, fynd allan drwy'r giât gefn ac rydych chi ar droed mynydd, ac mewn lle iawn i fynd am dro. Ond hyn yr ydw i'n anelu ato fo yn y diwedd, sef fy mod i wedi fy magu mewn lle a roddodd yr argraff i mi fod pawb ohonom ni'n fach iawn yn erbyn y pwerau mawr, oesol yma; a hynny er gwaetha'r ffaith fod olion digon amlwg o 'nghwmpas i fod dyn yn gallu gadael ei ôl ar yr hen rymusterau hynny. Ond dros dro y mae'r cwbwl, fel yr oedd hen weithiau wedi cau, a gweddillion rhydlyd peiriannau mawr yn dangos yn amlwg ddigon. Ond yma yr oedd yna bobol yn byw eu bywydau ynghanol yr hen nerthoedd, ac yr ydw i wedi dod i weld hynny fel peth arwrol. Yn y creigiau mawrion yma roedd yna garedigrwydd. Roedd yna arwedd hefyd, wrth gwrs, ac efallai fod y garwedd hwnnw'n amlycach ac yn fwy milain yn yr ardal rŵan nag y bu o ers cryn dipyn, fel y mae o i'w weld yn amlycach, amlycach drwy'r byd i gyd, o ran hynny. Ond yr oedd yma bobol a lwyddodd i greu cymdeithas wâr, ac a lwyddodd i wneud hynny ynghanol eu caledi: i mi, mae hynny yn wir arwrol.

Teulu

Mae dylanwad genetig ei dylwyth ar rywun yn ffaith: y mae pob un wân jac ohonom ni fel y mae o, i ryw raddau, am fod ei dad a'i fam, a'i deidiau a'i neiniau o fel yr oedden nhw. Rydw i'n cofio, pan gafodd fy mab hynaf fi ei eni, roeddwn i yn yr ysbyty yn edrych am fy ngwraig a fyntau a dyma 'na nyrs yn cario babi bach bach, ychydig ddyddiau oed, heibio i mi. Cip ar du ôl i ben y babi a gefais i, ond yn y cip hwnnw mi drawodd yna olwg o'r tu ôl i ben fy ffrind i, sef tad y baban, yn gryf iawn i 'nghof i, a hynny er bod y babi mor fach. Roedd ei dylwyth o yno, yn y bychan. Mi fydda i'n fy nghael fy hun yn pesychu weithiau ac yn clywed sŵn peswch fy nhad yn fy mheswch fy hun. Ac y mae yna wir mawr mewn rhywbeth y clywais i'r llenor Rhydwen Williams yn ei ddweud unwaith, sef ei fod o, wrth fynd yn hŷn yn gweld y genod oedd yn blant gydag o yn mynd yn debycach, debycach i'w mamau. Mae'n hewyllys rydd ni yn y byd yma wedi ei hamodi rywfaint, mae'n siŵr gen i, gan gadwynau ein hiliogaeth. Does dim ond yn rhaid inni ystyried i ba raddau y mae'n bywydau ni wedi ei siapio gan ein pryd a'n gwedd ni i brofi hyn'na, yn fy marn i.

Heblaw etifeddiaeth genetig, y mae gan ein rhieni ni, yn ddiau, ddylanwad mawr ar y rhan fwyaf ohonom ni, fel peth sy'n cael ei dderbyn neu fel peth y mae'n rhaid gwrthryfela yn ei erbyn. Mae Jennifer, fy ngwraig i'n dweud, o bryd i'w gilydd, rhwng difrif a chwarae—sef un o'r adegau pan ydym ni fwyaf tebyg o ddweud y gwir —fod yna anian hwligan ynof fi, ac mai dyna fuaswn i oni bai am ddylanwad gwareiddiol fy rhieni a'r capel arna i. Dydi hyn'na ddim yn swnio'n debyg i mi fy hun i mi, ond y mae hi'n anodd i mi farnu'n wrthrychol: yn fy munudau gwan mae'n rhaid i mi gyfaddef nad ydi'r peth, efallai—a gair pwysig ydi'r 'efallai' yma—ddim yn amhosib. Mi fu cael fy magu gyda gofal a chariad yn anhraethol bwysig i mi, fel y mae o i bawb sydd wedi cael ei fagu felly, a chyda lwc y mae o'n beth sy'n dal gyda rhywun am ei oes ac yn gosod math o batrwm ar y byd, onid—yn wir—batrwm ar y bydysawd. Yn y drafodaeth gyffrous wyddonol yma sy'n digwydd y dyddiau hyn am ddechreuad y bydysawd gydag un ffrwydrad fawr a'r ystyriaeth lle y mae Duw yn ffitio yn hyn i gyd, y mae'r cwestiwn i mi yn lled amherthnasol, achos nid gwacterau tragwyddoldeb ydi'r lle gorau i chwilio am Dduw, ond yn y peth lled

brin hwnnw, sef, ewyllys da rhwng dynion: mewn helpu yn hytrach na
brifo. 'Teyrnas Dduw, o'ch mewn chwi y mae.'

Roedd fy mam yn athrawes ysgol plant bach. Mae gen i gof fy mod i
wedi taro fy mhig i mewn i ysgol Tanygrisiau, ond bach iawn oeddwn
i'r adeg honno, a wnaeth y lle ddim argraff dra ffafriol arna i—yn un
peth mi gollais fy nghap yno—ac ni bu i mi yno ddinas barhaus. Ac ar ôl i
'nheulu i fudo i Flaenau Ffestiniog dydw i ddim yn rhy siŵr pryd y
dechreuais i fynd i'r ysgol. Ond pan eis i yno, roeddwn i'n medru
darllen, am fod fy mam wedi fy nysgu i. Rŵan mae hi'n anodd i mi
feddwl am amser pan nad oeddwn i'n medru darllen. Oherwydd hyn, y
mae gen i gof am sbydu llyfrau darllen yr ysgol yn syndod o ddidrafferth.
Fe fyddai fy rhieni, yn enwedig fy mam, yn naturiol yn gofyn imi am
hanes pethau tua'r ysgol a sut y byddwn i'n bwrw ymlaen yno ac ati,
ond dywedwst iawn fydda i am bethau felly, o'r dechrau cyntaf a braidd
yn fulaidd o annibynnol mewn pethau addysgol. Er, mi fyddwn i, gyda
pheth balchder, yn cario f'adroddiadau adref ar ddiwedd pob tymor.
Ond doedd yna ddim milimetr o le i unrhyw orchest ar fy aelwyd i a
dyna pam, hyd heddiw, dydi unrhyw lwyddiant addysgol o fath yn y byd
ddim yn fy nharo i fel llawer o beth.

Mi fyddai 'nhad yn cychwyn am ei waith yn fore iawn, iawn. Roedd
yn rhaid iddo fo ac yntau'n bobydd, neu'n 'fecar' fel y byddem ni'n
wastad yn dweud. Pan oeddwn i'n fach, mi fyddwn i'n mynd efo fo i'r
becws ar ôl te ar Suliau pan fyddai o'n tanio. Yno mi'i gwelwn i o'n
rhawio *cokes* ar y tân oedd yn twymo'r popty mawr ac yn rhoi'r dampar
mewn lle iawn at gadw'r gwres priodol at y bore. Wedyn, pan oeddwn i
yn y coleg a chyd-weithwyr fy nhad ar wyliau yng Ngorffennaf neu
Awst, mi fyddwn innau'n codi'n blygeiniol—hynny ydi tua phump y
bore, fel arfer, a thua thri y bore ar fore Sadwrn neu cyn dyddiau
gŵyl—i roi help llaw. Roedd yna rywbeth yn gyfareddol mewn cerdded
trwy dawelwch pur y boreau hynny am y becws—os nad oedd hi'n
bwrw glaw. Mae yna ymadrodd yn y Mabinogi sy'n cyfleu'r peth i'r
dim: 'Yn ieuenctid y dydd'. Ond iselwael braidd oedd fy ngorchwylion
i—iro tuniau (a dyna ichi joban ddienaid, os buo yna un erioed),
mopio'r lloriau'n dra gofalus, cario crwceidiau o *cokes* o'r cwt-allan ar
gyfer y tân, picio i'r stesion yn y fan i godi pwn o flawd, sef dwy sachaid
can pwys a deugain, neu sachaid o halen—a dyna ichi beth llethol o
drwm ydi halen: mae sachaid, weddol fach o ran maint, fel plwm.

Ymhlith fy nyletswyddau eraill fyddai codi toes o badell fawr y peiriant-cymysgu a cheisio ei dorri o'n dalpiau o bwysau penodol i 'nhad, neu ei gyd-weithiwr, Robin Cadwaldr dra hynaws, gael ei bobi o a'i roi yn y tuniau. Yr anhawster mawr yn hynny oedd fy mod i, ar y dechrau, mor araf nes peri i'r pobi orfod aros: ond roeddwn i'n magu sbîd ar ôl ychydig ddyddiau. Wedyn, pan ddôi'r bara o'r popty roedd eisio eu tynnu nhw o'u tuniau, eu pentyrru'n daclus ac yn dringar, a chadw'r tuniau'r un mor daclus. Mi fyddai fy nhad a Robin yn wamal-wawdlyd o dynerwch fy nwylo i, achos o hir arfer roedden nhw'n medru gafael mewn tuniau go eirias. Tra byddai hyn yn digwydd mi fyddai'r radio yn rhygnu ymlaen, a'r prif beth a gaech chi ar honno fyddai ailadrodd prisiau da tewion hyd syrffedigaeth. Tua'r saith yma fe fyddai yna egwyl a phaned ac, yn nhymor llus, darten lus biws tywyll a hyfrydwch o hufen ar ei brig. Dim ond ar ôl gwaith caled mewn lle poeth, yn y bore, cyn i'r byd hanner deffro y mae blas paned i'w glywed go-iawn. Mae gwybod be ydi gwaith corfforol o ddifrif yn lles i bawb, yn fy marn i, ac yn help i roi pethau'r meddwl yn eu lle priodol. Fel y dywedodd myfyriwr hŷn wrthyf fi un tro yn y coleg wrth inni drafod materion go gymhleth, ar fore annymunol o Dachwedd: 'Mae hyn yn galed, ond y mae o'n llawer amgenach na charthu beudy yn yr oerni.' Mae rhyw brofiad o waith, hefyd, yn help i rywun sylweddoli beth oedd o'n ei olygu, mewn gwirionedd, i fod yn chwarelwr neu'n löwr diwylliedig. Roedd ymroi i ddiwinydda a darllen ar ôl diwrnod caled, caled o waith yn dangos ymroddiad sydd, bellach, bron iawn yn fytholegol.

O 'nghwmpas i'n blentyn yr oedd y teulu, y tylwyth, yn fodrabedd ac ewythredd a chefndryd a chyfnitherod. Felly, er fy mod i'n unig blentyn, doeddwn i ddim yn blentyn unig. Mae'n anodd i genhedlaeth sydd wedi ei magu ar deledu ddychmygu mor gymdeithasol y gallai pethau fod mewn trefi a phentrefi cyn ei ddyfodiad. Er bod gen i lawer i'w ddweud wrth deledu, o ystyried yn llawn yr hyn a gollwyd mi fydda i'n meddwl yn fy nhro mai teledu ydi'r felltith gymdeithasol fwyaf ers y Pla Du. Roedd gweinidog yn dweud wrthyf yn ddiweddar ei fod o wedi mynd i fedyddio babi bach ar aelwyd, a bod y teulu'n ei hel ei hun yn barod ar gyfer y bedydd, a neb yn meddwl am ddiffodd y teledydd!

Rydw i'n gweld fy nhaid, John Jones, ar ein haelwyd ni uwch ei Feibl, neu'n dadlau ei ffordd gydag o'i hun drwy esboniadau; rydw i'n clywed ar hwyr o haf yr afon yn murmur trwy'r ffenest agored yn nhŷ fy

Modryb Winni a Fewyrth John; rydw i'n gwrando ar fy Modryb Mari
wrth dân gaeaf yn adrodd fel y bu iddi hi, yn nyrs yn y wlad, weld
ysbryd, neu'n dweud fod 'yr hen gath yma fel anterliwt o 'nghwmpas i;
felly mae hi am dywydd mawr', neu, fel y byddai hi'n geirio, ei bod hi
am 'siablach o dywydd'; rydw i'n chwerthin wrth glywed chwedlau
difyrraf fy nghefnder Arthur am ei hanes yng Ngholeg Bala-Bangor;
rydw i, a Rhiain a Iola, yn blant yn campio chwarae gemau lliwgar
Nadolig ym mharlwr fy nghefnder John a'i wraig Gracie; mae fy
nghefnder William Emrys yn sôn wrthyf fi am y byd mawr yr oedd o
wedi teithio cymaint arno fo ac yn sôn am lenyddiaethau llawer gwlad
ac amryw ieithoedd, a gwneud hynny'n gyfareddol; mae fy Modryb
Jennie a Newyrth Percy'n dechrau sôn am Blaenau eu hieuenctid hwy
ac yn rhaffu cymeriadau eu storïau wrth ei gilydd, 'Ti'n gwybod am ei
merch hi . . .' a 'nghefnder Emyr a minnau'n gwrando gyda rhyfeddod;
neu mae fy nghefnder Bruce a minnau ar ein beiciau, yn cymryd egwyl
ac yn atgoffa'n gilydd o chwedlau arswyd M. R. James, neu efô, gyda'i
gof rhyfeddol a'i ddawn dweud, yn cofio am linellau o farddoniaeth o
ddramâu Webster, neu linellau o farddoniaeth Villon, ynghanol
rhialtwch o betheuach eraill, achos fu o na finnau, o ran hynny, yn rhai
i wisgo unrhyw ddiwylliant ar ein llewys. Hyn oll, yn hytrach na
theledu: diolch byth am hynny. Yr oedd y gair llafar a diddanwch
hynny—hyd yn oed os oedd yna hefyd ddiflastodau enbyd a phethau
llethol o gyfarwydd yn cael eu hailadrodd hyd syrffed yn rhan o'r
profiad—yn ddiddanwch hen iawn, mor hen yn ei ffordd â'r Mabinogi.

Ysgol a Choleg

Ar ôl imi golli fy nghap yn ysgol bach Tanygrisiau, wedi imi fentro yno pan
oeddwn i tua thair oed, fe andwyodd hynny fy ffydd i mewn addysg am
sbel. Ond mynd yn ôl i'r ysgol fu raid imi, ac i Ysgol Maenofferen yr es
i, neu Sle Cwaris (*Slate Quarries*) fel y byddid yn dweud ar lafar. Roedd
honno'n ysgol ddymunol ac yn llawn ffrindiau. Am yr ysgol bach y mae
dau beth yn gliriach na dim arall yn fy nghof. Un ohonyn nhw oedd y llun
ceffyl uwch bachyn fy nghot yn y clocrwm, a'r llall oedd f'arholiad cyntaf
yn y clas babis—o leiaf, 'arholiad' oeddem ni'n galw'r peth. Prawf oedd o,
sef enwi lliwiau rhyw stydiau yn Gymraeg a Saesneg. Roeddwn i'n cael

trafferth cofio enw un lliw yn Gymraeg, sef 'gwyrdd'. Ond roedd y nesaf
ata i'n cofio hwnnw'n iawn, ond ei fod o'n cael trafferth efo rhyw ddau
arall. Y fargen a drawyd oedd ei fod o'n dweud 'gwyrdd' wrthyf fi yn
union cyn imi gael fy holi gan yr athrawes, a finnau'n dweud y ddau
arall wrtho yntau. Fel yna y daethom ni'n dau drwyddi.

Wrth fynd o'r ysgol bach i'r ysgol elfennol roedd y bechgyn a'r
genethod yn cael eu gwahanu, y naill yn mynd i un adeilad, a'r lleill i
adeilad arall. Roedd i hynny ei loes achos yr oedd fy nghariad ddirgel i'n
mynd i fod mewn lle gwahanol i mi. Rydw i'n dweud 'dirgel' achos
mae'n bur amheus gen i a wyddai hi ei bod hi'n wrthrych fy serch—er,
fedrwch chi byth ddweud. Roedd gan fechgyn dan y deg oed yma ryw
obsesiynau hollol hurt yr adeg honno am beidio ag eistedd wrth ochor
genod. Oherwydd y cyfryw obsesiwn, ar fwy nag un Saboth, fe'm cefais
fy hun yn cwffio yn yr Ysgol Sul i beidio ag eistedd wrth ochor merch,
er y buaswn i, mewn gwirionedd a phe bai gen i ddigon o unigolydd-
iaeth, wedi bod wrth fy modd yn eistedd wrth ei hochor hi. Mae'n
debyg y byddai'r un peth yn wir am fy ngwrthwynebwyr. Ond dyna'r
gred ac fel ymysg y rhan fwyaf o blant—a phobol hefyd o ran hynny—
roedd cydymffurfio yn beth pwysig. Mae'n dda gen i ddweud i bethau
newid ar ôl inni dyfu dipyn yn hŷn. Ond dyna fo, roeddwn i mewn un
ysgol, a'r lodes yr oeddwn i'n glaf o'i serch hi mewn ysgol arall. Ond
ddaru'r peth ddim effeithio'n andwyol arna i, mae'n dda gen i ddweud.

O ran addysg, roeddem ni'n cael Cymraeg a Saesneg a Syms wedi eu
pwnio—er eu pwnio gan bobol ddigon dymunol—i'n pennau ni. Roedd
yna syniad yr adeg honno—syniad y byddai amryw'n gwaredu rhagddo
heddiw—nad oedd dysgu i fod yn fêl i gyd a bod yn rhaid, o bryd i'w
gilydd, ddygnu arni gyda phethau digon diflas. Roedd yna lawer i'w
ddweud dros hyn, yn addysgol a chymdeithasol roedd o'n gwneud yn
siŵr nad oeddem ni dan unrhyw gamsyniad fod bywyd yn neis a di-
boen a bod yna dreialon, chwerw ar brydiau, ynddo fo. Pan ddois i'n
athro fy hun fyddwn innau chwaith ddim yn synied am addysg fel ffatri
hufen iâ. Ond fe ddarganfûm i'r hyn y mae pob athro naturiol wedi ei
ddarganfod erioed, sef bod modd arwain yr hen blant fel eu bod nhw'n
darganfod drostynt eu hunain. O bopeth yn y byd, rydw i'n meddwl mai
gallu arwain disgyblion i gael y wefr o ddarganfod ydi un o'r pethau
pwysicaf un mewn addysg. Y mae o, hefyd, yn beth a all fod yn anodd i
lwyddo i'w wneud.

Prifathro Ysgol y Bechgyn Maenofferen oedd Mr J. S. Jones (John Sam ar lafar). Pan rydw i'n meddwl rŵan am y pethau'r oedd o'n ein cael ni i wneud, yr ydw i'n rhyfeddu. Tasg bob nos tan yr ysgoloriaeth neu'r Sgolarship, sef ein harholiad yn un ar ddeg oed. Ar ôl hwnnw (neu 'honno' fel y bydden ni'n dweud) fe fyddai pethau'n ysgafnu ac yntau'n tueddu i symud o'r pumed dosbarth i lawr i'r pedwerydd i ddechrau rhoi sglein ar y rheini ar gyfer Sgolarship y flwyddyn wedyn. Yn y pumed dosbarth yr oeddem ni'n dysgu darnau o'r ddrama fydryddol *Buchedd Garmon* gan Saunders Lewis. Roedd Saunders Lewis yn arwr mawr ganddo a chaem hanes llosgi'r Ysgol Fomio yn Llŷn, ymhlith hanesion eraill. Syndod mawr oedd i mi ddeall, flynyddoedd yn ddiweddarach, nad oedd ganddo fawr i'w ddweud wrth blaid wleidyddol Saunders Lewis ac mai aelod brwd o'r Blaid Lafur ydoedd. Fe roes gynhysgaeth helaeth o iaith, llenyddiaeth, a mathemateg i'w ddisgyblion.

O ysgol J. S. Jones mi es i i Ysgol Ramadeg Ffestiniog, fel yr oedd hi'n cael ei galw'r adeg honno. Fe dreuliais flynyddoedd difyr yno. Y mae un peth a ddigwyddodd yno yn fyw iawn yn fy nghof i o hyd. Roeddwn i tua'r pedwerydd dosbarth, am wn i, ac athro un o'n pynciau ni'n sâl. Fe ddaeth yr Athro Saesneg, Mr T. W. Harris, draw i'n hystafell ddosbarth ni a chriw bach ei Chweched Dosbarth i'w ganlyn. Rhoddwyd gorchymyn i ni fwrw ymlaen i ddarllen a bod yn ddistaw, ac aeth Mr Harris ymlaen gyda'i wers. A dyma fi'n clywed y geiriau hyn yn cael eu darllen:

> Fear no more the heat o' the sun,
> Nor the furious winter's rages;
> Thou thy worldly task hast done,
> Home art gone and ta'en thy wages:
> Golden lads and girls all must,
> As chimney sweepers, come to dust.

Y cwpled olaf a ddaliodd fy sylw i'n arbennig: dyna ichi eiriau! Ac yn fan'no y dechreuais i gymryd at yr hen Shakespeare. Geiriau cân o'i ddrama *Cymbeline* ydyn nhw. Fel geiriau dethol eraill y digwyddais i eu clywed nhw ar fy rhawd, y mae'r rhain wedi dal at fy 'sennau i. Mi fu'r llinellau nesaf yma hefyd yn canu yn fy mhen i am hir, ac roedd gen i arfer, annymunol i'm cyfeillion, o'u hadrodd nhw drosodd a throsodd ar ôl eu clywed nhw:

Ha, frodyr, dan hyfrydwch—llawer lloer
(R. Williams Parry)

O lente, lente currite, noctis equi
(O, rhedwch yn dyner, dyner, feirch y nos
Llinell o *Amores*, gwaith y bardd Lladin, Ovid)

Pethau fel hyn, yn y pen draw, a wnaeth i mi ddewis troi at y Celfydd-ydau'n hytrach na'r Gwyddorau—er fy mod i, yr adeg honno (os ca i ymhonni, ac er y byddai fy ngwraig a 'mhlant i bellach yn diarhebu at y fath awgrym)—yn dipyn o giamster ar y rheini hefyd.

O'r ysgol mi es i Goleg y Brifysgol, Bangor. Fy mhrif bynciau i yno oedd Cymraeg a Saesneg. Fe fu manylder ac ehangder dysg athrawon yr Adran Gymraeg—J. E. Caerwyn Williams, Brinley Rees, Enid Roberts, R. Geraint Gruffydd yn esiampl ac yn ddylanwad arna i. Mae'n rhaid ichi fod yn siŵr o'ch pethau ac o gywirdeb eich ffeithiau mewn ysgolheictod, a dydi hynny ddim yn dod yn rhad. Fe gefais i hyfforddiant trylwyr iawn hefyd mewn ieitheg, fel bod rhywun yn medru mynd at bob math o destunau gyda gwybodaeth a hyder. Yr oedd gen i, er yn ddim o beth, ddiddordeb mewn chwedlau am y goruwchnaturiol ac, rydw i'n sylweddoli erbyn hyn, mewn mytholeg. Fe gadarnhawyd y diddordeb hwnnw yn nosbarthiadau Brinley Rees a John Gwilym Jones: y ddau'n dod at y pethau hyn yn eu ffyrdd eu hunain. Fe roes John Gwilym Jones i mi a 'nghyfoedion ysfa i ddarllen ehangder o lenyddiaeth a beirniadaeth lenyddol. Yr oedd John ei hun wedi darllen yn eithriadol o helaeth ac yn gallu tynnu ar ei ddarllen yn fywiog a diddorol. Heblaw hynny, fe wyddai o, o'i brofiad ei hun fel llenor, werth geiriau, ac fe allai wneud i ninnau rannu ei frwdfrydedd yn eu cylch. Yn yr Adran Saesneg, y seren ddisglair i mi oedd A. E. Dyson. Roedd o'n cychwyn ei yrfa ym Mangor ac fe fu'n fy arwain i ac eraill trwy helaethrwydd llenyddiaeth Saesneg o'r ail ganrif ar bymtheg hyd y bedwaredd ar bymtheg, gan drafod syniadau a chefndir syniadau, yn ogystal â materion mwy arferol lenyddol. Erbyn hyn y mae Dyson yn un o'r beirniaid a wnaeth gyfraniad sylweddol i feirniadaeth lenyddol Saesneg yn ein canrif ni. Ond doedd pawb ddim cystal â hyn: rydw i'n cario o hyd greithiau dwfn darlithiau athrylithgar o anysbrydoledig ar y bardd Saesneg Spenser yn fy ymwybod o hyd. Alla i ddim clywed enw'r bardd hwnnw heb wingo'n fewnol.

O Fangor mi es i i Rydychen, i wneud gwaith ymchwil dan gyfarwyddyd yr Athro Idris Foster. Dyma ichwi enghraifft o fynd draw i weld yr Athro. Wedi rhoi iddo ynghynt ddarn o waith mi fyddwn i'n mynd draw ato i'w ystafell i'w drafod. Dyma grybwyll y pwnc a'r pwnc. Neidiai'r Athro i'w draed ac, fel Tensing, crafangu i fyny ystol, yna dod i lawr yn gelfydd ag un llaw gan gario yn y llall glamp o lyfr. Mi fyddai'n dal y llyfr am ennyd dan fy nhrwyn a dweud rhywbeth fel, 'Dyma ichi drafodaeth dda ar yr union bwnc'. Ond cyn imi gael fy meiro a 'mhapur i gael enw'r llyfr mi fyddai'r Athro, a'r llyfr, hanner y ffordd yn ôl i fyny'r ystol. Ymlaen at bwnc arall. 'Rhoswch funud': wedyn i fyny ag o eto, i lawr yn ei ôl, 'Sbiwch ar hwn,' neu 'Welwch chi hyn'. Yna clep i'r llyfr eto a chwimwth grafangio i fyny'r ystol eto. Yn Rhydychen y deuthum i'n arbenigwr ar gofio meingefnau llyfrau a lechai dan nenfydau uchel. Yr oedd ehangder dysg yr Athro Foster yn rhyfeddod.

'Welwch chi hyn.' Rhoi gweledigaeth, arwain dealltwriaeth, a disgwyl ichwi fynd a gwneud pethau drosoch eich hun: dyna rinweddau athrawon prifysgol. Rwy'n ystyried i mi fod yn ffodus yn yr athrawon a gefais i.

Geiriau

Yr ydw i wedi sôn yn barod am rai geiriau: rydw i am sôn ychwaneg am eiriau am y rheswm syml fy mod i wedi ymwneud â nhw mewn rhyw ffordd neu'i gilydd am y rhan fwyaf o f'oes. Fel y dywedodd Awstin Sant amdano'i hun ryw dro: 'marchnatwr geiriau ydw i'.

Mae geiriau pawb ohonom ni'n dechrau'n anymwybodol: rydyn ni'n dysgu geiriau, ac yn dysgu pethau mwyaf astrus ein hiaith neu ein hieithoedd ein hunain yn gynnar iawn. Meddyliwch am system dreigladau'r Gymraeg: pen, dy ben, ei phen, fy mhen ac ati; mae Cymry bach yn meistroli'r rhain pan nad ydyn nhw'n ddim o bethau, ac y maen nhw'n faterion sy'n achosi trafferthion dihysbydd i amryw bobol ddeallus iawn sy'n ceisio dysgu Cymraeg. Mi glywais un o 'mhlant fy hun yn dad-dreiglo'r gair *vest* yn *mest*, a hynny pan oedd o'n ddwy oed! Dyna ichi mor gynnar y mae iaith yn gallu mynd i gyfansoddiad person —ac i'w gyfansoddiad o rydw i'n ei olygu, nid yn unig i'w ddeall o. Y mae yna elfennau corfforol iawn mewn iaith, a thynnu ar y rheini y mae llawer iawn o lenyddiaeth.

Un o'r pethau y mae llenyddiaeth a llenorion o unrhyw bwys wedi ei wneud erioed ydi ymestyn cyraeddiadau geiriau, ymestyn cyraeddiadau iaith y tu hwnt i'r arferol. Roeddwn i, y diwrnod o'r blaen, yn gwylio nifer o laslanciau ar sglefrfyrddau (*skateboards*). Nid symud arnyn nhw a'i gadael hi ar hynny'r oedden nhw, er mai dyna'r peth cyntaf yr oedd yn rhaid iddyn nhw ddysgu ei wneud. Ar ôl y camau cyntaf a dod i fedru gwneud y pethau arferol ar sglefrfwrdd, y cam nesaf oedd gwneud pethau anarferol, ceisio gwneud triciau anos ac anos. Mae'r un peth yn wir am y rhan fwyaf o fedrau; mynd y tu hwnt i'r arferol sy'n gwneud camp o'r peth. Dyna un o elfennau sylfaenol celfyddyd, yn fy marn i, a dyna pam y byddwn i'n barod i ddweud fod rhai pencampwyr yn gallu gwneud eu medrau yn gelfyddyd—boed y medr hwnnw'n chwarae criced, pêl-droed, sglefrio ar rew, dawnsio, marchogaeth ac yn y blaen.

Fe fûm i'n dra ffodus yn cael fy Nghymraeg mewn ardal lle'r oedd hi'n iaith yr oedd yn rhaid iddi fynegi anghenion dyddiol ei siaradwyr. Oherwydd hyn y mae ynof fi ysfa i wneud i'r Gymraeg fod yn atebol at bob galw. Nid anghenion byw bob dydd a gwaith a phleserau'n unig oedd anghenion bob dydd y bobol y cefais i fy magu efo nhw, yr oedd ganddyn nhw ofynion ysbrydol hefyd. Yr oedd y capel yn rhan bwysig o fywydau amryw byd yn y gymdeithas. Ac yr oedd ganddyn nhw eiriau i fynegi'r gofynion hynny, geirfa a oedd yn mynd yn ôl i ddoethineb gynnar iawn yr Iddewon ac i hen, hen hanes y Cymry. Roedd Beibl William Morgan yn gymorth i feithrin eu meistrolaeth ar eiriau eu hanghenion, ac yr oedd athrylith iaith beirdd fel Williams Pantycelyn ac Ann Griffiths ac emynwyr eraill yn coethi eu dweud. Mae'n rhaid imi gyfaddef nad oedd mynd i'r capel o hyd yn brofiad gogoneddus; mi allai fod yn anhraethadwy o faith a syrffedus. Mi allai clywed pobol dda'n mynd ymlaen ac ymlaen yn ddiddiwedd greu cynddaredd yn rhywun a does gen i ddim amheuaeth fod y fath letholdeb wedi andwyo crefydd yn fawr, fel mai ychydig o 'nghenhedlaeth i a deimlodd unrhyw ymlyniad wrthi.

Ond, wedyn, fe ges i'r geiriau. Fe es i fy hun at y Beibl yn rheolaidd a dod ar draws pethau dyfnaf profiad dynion yno. Efallai mai dyna pam, i mi, mai geiriau a chysgod tragwyddoldeb arnyn nhw ydi'r geiriau mwyaf oll. Mi all fod gofyn am lenyddiaeth sectaraidd neu boliticaidd i dynnu sylw at bethau, ond dydy hynny ddim yn ddigon i mi. Nid ei bod hi'n bosib i neb eistedd i lawr a dweud, 'Rydw i, rŵan, yn mynd i ysgrifennu am broblemau tragwyddol'. Mae'r peth yn amhosib. Fel arfer mae pethau mawr yn dod at ddynion, yn chwilio amdanyn nhw yn aml, a dydi'r profiad ddim yn beth braf yn amlach na heb. Fe'i cafodd Moses ei hun yn cael ei dynnu i wynebu problemau mawr ei bobol, ac mi geisiodd ymesgusodi rhag gwneud hynny. Yr hyn sydd gen i ydi hyn: fe fu'n rhaid i Shakespeare ystyried bywyd yn erbyn ehangder tragwyddoldeb: mae'r peth yn eglur iawn yn *Hamlet* neu *Macbeth* ac, yn enwedig, yn *Y Brenin Llŷr*. I mi, dydi dramodydd modern fel Brecht, sy'n cael ei fawr glodfori, ddim yn gwneud hynny. Fe allai Shakespeare roi'r rhan fwyaf o awduron y byd ym mhoced ei wasgod, o ran hynny.

Y mae'r dod wyneb yn wyneb yma â thragwyddoldeb yn brofiad 'ofnadwy', yn ystyr lythrennol y gair. Mae llyfr Genesis yn sôn am hyn yn ei ffordd ei hun. Dyna ichi Jacob, er enghraifft:

A Jacob a adawyd ei hunan: yna yr ymdrechodd gŵr ag ef nes codi'r wawr.

Neu dyna ichi Moses:

A bu, ar y ffordd yn y llety, gyfarfod o'r Arglwydd ag ef, a cheisio ei ladd ef.

Mae'r Beibl yn galw'r ymdrech fel ymdrech â gŵr na ddywedir pwy ydi o, ond yn sicr nid person o gig a gwaed mohono fo, neu fel ymdrech â'r Arglwydd ei hun. Mae llenyddiaeth bwysig o hyd ac o hyd yn dod wyneb yn wyneb â rhywbeth fel hyn. Mae o'n digwydd yn Llyfr Job. Mae o'n digwydd yn nhrasiedïau Groeg, mae o'n digwydd yng ngwaith y nofelydd o Rwsia, Dostoiefsci—mae un o'i gymeriadau o fel pe bai o'n wynebu'r diafol—ac y mae o'n digwydd, i raddau, yng ngwaith Beckett yn ein canrif ni. Y mae o i'w gael yng ngwaith Molière, a gwaith ein Dafydd ap Gwilym ninnau. Er mai fel dipyn o lolyn digrif y mae nifer yn edrych ar hwnnw y mae o'n myfyrio ar fywyd gan wybod yn iawn am ei ddarfod. Mae geiriad T. Gwynn Jones o'r hyn a ddywedwyd gan y bardd Lladin, Catullus, 'Un ias fer rhwng dwy nos faith', am ein bywyd byr sy'n cael ei ordoi gan dragwyddoldeb, yn sôn am yr un math o beth. Mae meidroldeb yn dod wyneb yn wyneb ag anfeidroldeb. Y mae'r llenyddiaeth barhaol honno sy'n sôn am y pethau hyn wedi gwneud ei hargraff arna i. Mi ddylwn i ychwanegu, efallai, fod profiad nid annhebyg yn digwydd mewn cerddoriaeth neu mewn arlunio.

Ar un olwg, all hyn i gyd ond cynhyrchu trasiedi. Ond nid felly y mae hi: nid trasiedi'n unig sydd yna yn y geiriau sy'n cael eu gorfodi i wynebu tragwyddoldeb. Mae yna fendith, mae yna lawenydd, hyd yn oed ryw fath o gomedi, yn ogystal â thrasiedi a melltith. Yr un peth sy'n gyffredin yn y cyfan ydi fod yna, trwy'r gweithiau sy'n cyffwrdd y tragwyddol, adleisiau oesol; rhywbeth sydd fel pe bai o'n mynd allan i'r gwyll a'r goleuni cosmig o'r mymryn hwn o ddaear.

Fe hoffwn i sôn am rai gweithiau sydd wedi rhoi mwynhad a, gobeithio, rywfaint o ddirnadaeth i mi, yn ogystal â rhai o'r gweithiau'r ydw i wedi eu crybwyll nhw'n barod, ond heb fod—o angenrheidrwydd —yn yr un cae.

Roedd gen i ffrind oedd ychydig yn hŷn na mi, Phillip Davies. Roedd o yn yr Ysgol Sir a minnau yn yr Ysgol Gynradd. Rŵan, doedd Phillip ddim yn un llenyddol ei fryd, ond yr oedd o wedi dysgu pwt o 'Ymadawiad Arthur' gan T. Gwynn Jones yn yr ysgol, ac mi fyddai yn ein 'diddanu'—os dyna'r gair—trwy ailadrodd y pwt yma am Bedwyr yn taflu cleddyf y Brenin Arthur i'r dŵr:

> Ond ar unnaid er hynny,
> Chwifiodd ei fraich ufudd fry,
> A'r arf drosto drithro a drodd
> Heb aros, ac fe'i bwriodd
> Onid oedd fel darn o dân
> Yn y nwyfre yn hofran.

Ailadrodd Phillips Davies a wnaeth imi droi at T. Gwynn Jones am y tro cyntaf. Y mae yna rywbeth, i Gymro, mewn cynghanedd, neu mewn plethiad a chordeddiad geiriau sy'n rhoi boddhad. Y mae yng ngwaith Goronwy Owen, bardd sydd wedi ei ddirmygu braidd gan rai'n ddiweddar, y sigl cyfrin sydd, er ei fod dan lwyth o hen eiriau, yn dal â rhyw gyfaredd ynddo:

> Diwedd sydd i flodeuyn,
> Ac unwedd yw diwedd dyn.

Mae ein chwedlau mawr ni o'r Oesoedd Canol, yn enwedig y 'rhai brodorol', fel 'Pedair Cainc y Mabinogi' a 'Culhwch ac Olwen'—y rhai mwy Cymraeg na'r lleill—yn geirio'n gyfareddol, ac y mae ynddyn nhw beth o'r byd hwn yn cyfarfod â byd arall. Mae o'n gryf iawn yn hanes Pwyll, neu yn hanes Gwydion. Dyma inni Gwydion, dewin aruthr yn ceisio newid rhawd un y mae'n ei garu fel mab. Y mae'n cysylltu yn fy nychymyg i, mewn rhyw ffordd, â Prospero yn *The Tempest*, Shakespeare, un o'r creadigaethau mwyaf rhyfeddol y gwn i amdano. A dyna ffigur aruthr Ffawstws, un arall y mae ganddo bwerau mawr, ond sydd wedi talu'n ddrud amdanyn nhw, trwy werthu ei enaid i'r diafol. Dyma chwedl y Byd Gwyddonol a'r Dyn Modern.

O ran trin geiriau y mae gweld sut y mae James Joyce, y Gwyddel, yn gwneud hynny, wedi bod yn agoriad clust a deall i mi. Ond pe bai'n rhaid imi enwi un awdur, yn anad neb o'r ugeinfed ganrif, y bydda i'n troi ato fo amlaf, rwy'n meddwl mai'r bardd o America, T. S. Eliot, fyddai hwnnw. Y mae ganddo'r gallu i fynd ag iaith y tu allan i ffiniau'r arferol yn ei gerddi, ac y mae'n wynebu tragwyddoldeb o rawd fer mewn cnawd yn ein byd bach ni, pethau'r ydw i wedi sôn amdanyn nhw fel pethau tra phwysig i mi.

Amryw Bethau

Y mae yna brofiadau ym mywydau pawb ohonom ni sydd wedi gwneud argraff arnom ni am ryw reswm neu'i gilydd. Dydi'r pethau'r ydw i am sôn amdanyn nhw ddim mor bwysig â'i gilydd, ond y mae iddyn nhw eu rhan yn yr hyn ydw i—am wn i—ac felly y maen nhw'n dod dan deitl y sgyrsiau hyn, sef 'Dylanwadau'.

Mae yna o leiaf ddau achlysur pryd y ces i amser i feddwl fod yna bosibilrwydd fy mod i ar fin ffarwelio â'r fuchedd hon. Mae 'cael amser i feddwl' yn eithaf pwysig yma, gan nad am brofiad o beryg yn dod ar warthaf rhywun yn ddirybudd yr ydw i'n sôn, ond am syllu yn wyneb y profiad. Roedd fy nhad a'm mam a minnau wedi mynd, efo eraill o'r teulu, i lan y môr yng Nghricieth, pan oeddwn i tua phump oed. Mi swniais a swniais am gael mynd ar gwch rhwyfo. Yn y diwedd dyma 'nhad a mam a minnau'n mynd. Hyd y gwn i doedd fy nhad ddim wedi rhwyfo o'r blaen ac yr oedd y cwch yn gwch pren trwm. Dyma fo'n efelychu'r rhwyfwyr o'i gwmpas ac i ffwrdd â ni'n hwylus ddigon. Ond roeddem ni'n mynd gyda'r trai, ac wedi mynd sbelan allan doedd fy nhad ddim yn gallu troi'r cwch i wynebu tua'r lan er mwyn rhwyfo'n ôl. Roedd y ffigurau ar y lan yn mynd yn llai a llai. Roeddem ni'n codi'n dwylo ar rai o'r teulu ar y lan i geisio arwyddo ein bod ni mewn helynt, ac yr oedden hwythau'n chwifio'n ôl yn glên ac yn bell, heb ddeall dim o'n trafferth. Pella'r oeddem ni o'r lan, garwa oedd y tonnau. Sut bynnag, mi ddechreuais i nadu a meddwl mai dyma ben y daith i ni'n tri. Daeth gwaredigaeth yn y man, ac unwaith y cafodd fy nhad drwyn y cwch i anelu am y lan, fe aeth popeth yn iawn. Dyna'r tro cyntaf.

Yr ail dro roeddwn i a gŵr fy nghyfnither, sef Huw, wedi mynd i gerdded mynyddoedd, cerdded dros y Moelwyn i Groesor. Wedi cyrraedd hyd at Lyn Stwlan, o dan gopa'r Moelwyn dyma ni'n dechrau cerdded y llwybr am y copa. Ond mi adewais i'r llwybyr a mynd i ddringo i fyny craig. Roedd pethau'n hwylus iawn, a'r dringo'n ddringo hawdd. Hyd nes imi ddod o fewn chwe throedfedd i frig y graig. Er nad oedd y darn hwn yn serth doedd arno fawr ddim gafael ac yr oedd cymaint o ddyfnder o dana i nes nad oedd mynd yn f'ôl yn syniad rhy dda. Fe fûm yno mewn penbleth am ryw hyd, yna 'i mentro hi gan fynd ar fy ngwastad fel bod ffrithiant fy nghorff yn erbyn y graig a chan afael mewn mân gilfachau. Fe lwyddais i gyrraedd pen y graig. Ond wedi cyrraedd yr oeddwn i'n crynu fel deilen. Ond roeddwn i wedi dod ataf fy hun yn iawn erbyn i 'nghyfaill gyrraedd y ffordd hwyaf. Wrth weld dringwyr ar Eryri neu ar y teledu y mae gen i'r parch mwyaf iddyn nhw, achos y mae yna rywbeth yn ffôl o arwrol mewn mentro'ch bywyd ar nerth eich bysedd.

Yn fy mlwyddyn olaf yn yr ysgol uwchradd, sef 1954, fe ddymchwelodd y byd; wel, dymchwelodd i mi, beth bynnag. Ychydig ar ôl y Nadolig fe fu farw fy nghefnder Dave, a oedd nifer o flynyddoedd yn hŷn na mi, a hynny ar ôl ymdrech fawr, yn ŵr yn ei fan, i fynd i'r weinidogaeth. Yr oedd trueni'r peth y tu hwnt i eiriau, ac yntau y llareiddiaf o feibion dynion. Cymerodd ei fam ati'n arw. A'm mam innau hefyd, ond gan sôn mewn ffydd gadarn am y farwolaeth hon. Ymhen yr wythnos yr oedd hithau wedi marw. Fe gychwynnais i fore Sadwrn i chwarae pêl-droed efo tîm yr ysgol ym Mhwllheli: pan gyrhaeddais i adref roedd hi'n ddifrifol wael, ac fe fu farw yn ystod y nos. Roedd hi'n hanner cant oed. Yn Awst, yr un flwyddyn, fe fu farw chwaer fy mam, fy Modryb Winni, mam Dave. O fewn un flwyddyn roedd ein teulu wedi ei anrheithio. Does fawr ryfedd, felly, 'mod i'n cymryd angau o ddifrif.

Y gwrthwyneb i hyn'na oedd cyffro genedigaeth fy mhlant, y tri ohonyn nhw yn eu tro, flynyddoedd yn ôl bellach. Wedyn roedd eu gweld nhw'n gwneud eu pethau yn eu ffordd eu hunain pan oedden nhw'n fach yn deffro cof fy nheimladau i o beth oedd bod yn blentyn. Nid fy mod i'n cofio digwyddiadau a aeth dros gof yr ydw i'n ei feddwl —doedd cofio pethau fel yna ddim yn drafferth imi erioed—ond cofio sut deimlad oedd yna o wneud pethau flynyddoedd yn ôl. Mi'r ydw i'n ystyried, efallai, fod yna ryw ddau adnewyddiad ym mywydau'r rhan fwyaf ohonom ni, sef wrth gael plant, ac wrth gael wyrion.

Yn ystod fy mhlentyndod i roedd hi'n Ail Ryfel Byd. Annelwig oedd peth felly yn fy meddwl, ond byddwn yn gweld lluniau o'r rhyfela yn y papurau newydd ac yn gweld y peth yn fwy trawiadol fyth ar y newyddion yn y pictjiwrs. Ond seliwloed oedd y cyfan. Nes i frawd i gyfaill imi gael ei ladd, sef Palmer, ac nes imi weld y lluniau a ddangoswyd ar y newyddion yn y pictjiwrs o luoedd Prydain ac America'n mynd i mewn i wersylloedd angau'r Natsïaid. All neb a welodd y golygfeydd hynny mo'u hanghofio. Rydw i wedi darllen llyfrau ac erthyglau am y dioddefaint a ddigwyddodd yno dros y blynyddoedd, ac y mae'r cyfan y tu hwnt i eiriau. Y mae hefyd yn rhoi inni i gyd ryw ddirnadaeth o'r pechod (a dim ond y gair hwn sy'n ddigonol ar gyfer y cyfan) sydd yna mewn dyn. Fy ofn mawr i ydi fod y pechod hwnnw yn awr yn dechrau pylu'n hanes a bod y grymoedd tywyll yn y ddynoliaeth yn ail-gyniwair.

Fe ddywedodd J. B. Priestley ryw dro mai peth rhyfedd ydi heneiddio, gan fod y bod sydd y tu mewn i'w gorff yn dal i deimlo'r un fath ag erioed tra bod y corff hwnnw'n newid. Ers blynyddoedd rydw i wedi bod yn camsynied pe bawn i'n ymroi iddi o ddifrif y gallwn i fod mor ffit ag yr oeddwn i yn fy ieuenctid. Yr adeg honno roeddwn i'n eithaf ffit. Doedd fawr ryfedd, achos roeddwn i a'm ffrindiau'n treulio oriau bwygilydd yn chwarae yng Nghoed Cwmbowydd. Hynny ydi, yn rhedeg a rasio ac yn dringo coed a hongian wrth gangau a swingio o'r naill goeden i'r llall. Fe fyddwn yn ffansïo fy hun fel Tarzan—ar ôl deall be oedd hwnnw a gweld ffilmiau ohono, a darllen llyfr Edgar Rice Borroughs amdano. Wrth fynd am dro yng Nghwmbowydd rŵan, mi fydda i'n gwaredu wrth weld lle y bûm yn swingio gynt. Mae'r gyfres gyfan o lyfrau Tarzan yn dal gen i hyd heddiw ac mi fydda i, o ran hwyl, yn darllen y gyfrol gyntaf *Tarzan of the Apes* bob hyn-a-hyn. Yr arwr mewn eithaf arall, yr eithaf *deallusol*, oedd Sherlock Holmes. Mae holl straeon Holmes gan Arthur Conan Doyle gen i hefyd ac mi fydda i'n darllen trwy'r cwbwl o'r rheini hefyd bob hyn-a-hyn.

Ond sôn yr oeddwn i am weithgareddau corfforol. Mi fyddem yn cicio pêl-droed pan allem gael gafael ar un, a hynny yn y llefydd rhyfeddaf, ar lethrau ar ongl o ddeugain gradd, er enghraifft, neu mewn cae bychan a alwem yn Cae Fflat. Y drwg mawr efo'r cae hwnnw oedd, os rhôi rhywun gic rhy gryf i'r bêl yr âi hi dros graig a drybowndio mynd i ganol coed a meini. Fe gymerai tua chwarter awr i'r ciciwr fynd i nôl y bêl. Yr oedd gennym ein harwyr. Fy arwr mawr i oedd Trevor Ford, canolwr blaen egr tîm Cymru. Ond er mor hoff oeddwn i o bêl-droed, criced oedd fy hoffter pennaf. Fy nau arwr yn y maes hwnnw oedd dau Awstraliad, Don Bradman a Ray Lindwall, y naill yn fatiwr gwyrthiol a'r llall yn fowliwr cyflym. Fe faeddodd tîm Awstralia, yr oedd y ddau hyn yn aelodau ohono, dîm Lloegr yn 1948. Rhoddodd hynny gryn foddhad i mi. Fe fyddwn i'n treulio awr ar ôl awr, nid yn unig yn chwarae criced efo 'nghyfeillion, ond hefyd yn ymarfer ar fy mhen fy hun, gydag ymroddiad llwyr. Yr oeddwn i wedi cael gafael ar bêl haearn yn rhywle, ac efo honno y byddwn i'n ymarfer bowlio, gan ei bowlio yn erbyn llethr ar boncen o graig yng nghefn ein tŷ ni. Os na lynai hi yn y tir glas fe fyddai hi'n rowlio'n ôl i lawr y llethr. Am fod y bêl hon gymaint yn drymach na phêl griced go iawn, roedd hi'n bosib imi fowlio honno'n chwim. Ond dydi nerth braich yn unig ddim yn ddigon, mae'n rhaid cael y rhediad yn iawn a rhythm y bowlio'n berffaith neu fe fydd pethau'n mynd yn chwithig. Rydw i'n dal i fy ffansïo fy hun fel bowliwr cyflym hyd heddiw, Duw a'm helpo.

Wrth imi edrych yn ôl, fel y mae rhywun yn tueddu ei wneud wrth fynd yn hŷn, y mae yna Eden yn ymrithio o'r cyfnod cyn i ormod o wybodaeth am fywyd dywyllu golwg dyn. Pe bawn i'n gwybod digon yr adeg honno fyddai yna ddim o'r diniweidrwydd hwnnw'n bod. Mae'r bechgyn a'r genod oedd yn rhan o'r byd hwnnw rywsut fel personau o ryw Oes Aur. Mi genais i gân dro'n ôl am y ffrindiau oedd gen i'n o ifanc, ffrindiau a barhaodd yn agos ata i nes inni fynd ar hyd ein llwybrau gwahanol. Ynddi rydw i'n eu galw gerfydd eu glasenwau. Mae'r gân yna'n mynd yn dristach, dristach i mi fel y mae'r blynyddoedd yn mynd heibio, achos y mae rhai sy'n cael eu henwi wedi marw. Rydym ni, fel y dywed y Gair, yn ffordd yr holl ddaear.

Awdur
Author

Enw
Title   DYLANWADAU.

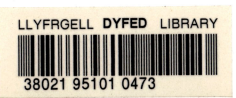